Die Originalzitate aus der Bibel stammen aus:
Die Bibel. Herder-Übersetzung mit Kommentar und
Erläuterungen (Deutsch), gebundene Ausgabe, 28. Februar 2012,
Bearbeitung von Johannes Franzkowiak
Die Schreibweise der biblischen Namen folgt den »Loccumer
Richtlinien«.

Überarbeitung: Anke Keil
Umschlagillustration: Dagmar Henze
Gesamtgestaltung: Veronika Preisler, München
Druck: Graspo, Zlín
Printed in Czech Republic

Gedruckt auf umwelfreundlichem, chlorfrei
gebleichtem Papier

ISBN 978-3-451-71601-0

ELMAR GRUBER

Meine Bibel

ZUM FEST
DER ERSTKOMMUNION

Mit Illustrationen von
Angela Glökler

HERDER 40
FREIBURG · BASEL · WIEN

Inhalt

AUS DEM NEUEN TESTAMENT

AUS DEM ALTEN TESTAMENT

Das Wort TESTAMENT bedeutet so viel wie
„Übereinkommen", „Vereinbarung" oder „Bund".

Das Alte Testament erzählt vom ersten Bund Gottes mit Abraham
und seinen Nachkommen, dem auserwählten Volk Gottes.
Gott versprach seinem Volk seine Liebe und Treue.
Die Menschen versprachen, Gottes Gebote zu halten,
zu ihrem eigenen Besten. Und obwohl sie
diesen Bund oft brachen, hielt Gott sein Versprechen.

Die Schöpfungsgeschichte

GOTT ERSCHAFFT DIE WELT

Genesis 1

Vor unendlich vielen Jahren, bevor die Zeit überhaupt begann, war unsere Erde dunkel und unheimlich. Da schuf Gott Ordnung und machte alles schön.

Als Erstes befahl Gott dem Licht, die Finsternis zu durchbrechen. Und da wurde es Licht. Dann ließ er die tobenden Meere zurücktreten, sodass festes Land sichtbar wurde. Doch das Land war still und leer, nur das Schlagen der Wellen und das Seufzen des Windes waren zu hören. Da befahl Gott der Erde, Bäume und Pflanzen hervorzubringen. Die ersten grünen Blätter und die leuchtenden Blumen sahen einfach herrlich aus!

Dann ließ Gott am hohen Himmel, den er geschaffen hatte, tagsüber die Sonne scheinen. Dem Mond befahl er, sein sanftes Licht in der Nacht zu verbreiten. Er schuf die Sterne, die in der tiefen Dunkelheit leuchten.

Noch immer waren Himmel und Meere still und leer. Da brachte Gott die Geschöpfe hervor, die in den Weltmeeren schwimmen und spielen. Er schuf sie alle – vom winzigen Fischlein bis zum riesigen Wal. Er schuf die Vögel. Zwischen den Bäumen sollten sie umherfliegen und singen. Die Erde war wunderbar.

Und Gott sah, dass es gut war.

Das Land aber war immer noch leer. Da schuf Gott die Tiere: die kleinen, flinken, und die großen, starken. Sie lebten in Bergen und Wäldern, auf Feldern und Wiesen. Gott sagte allen Lebewesen in der Luft und auf dem Lande: „Seid fruchtbar und vermehrt euch, damit die ganze Erde voller Leben ist."

Dann betrachtete Gott, der Herr, alles, was er geschaffen hatte. Und er sagte: „Es ist sehr gut."

GOTT ERSCHAFFT DIE MENSCHEN

Genesis 1–2

Zufrieden betrachtete Gott das unendliche All und die wunderbare Erde, die er geschaffen hatte. Das allerschönste Geschöpf aber sollte jetzt entstehen.

„Nun will ich die Menschen schaffen", sagte Gott. „Ich will ihnen Verstand geben. Sie sollen denken können, mich erkennen und lieben. Ich will ihnen diese Welt übergeben, damit sie sie in Ordnung halten."

Als ersten Menschen schuf Gott Adam. Adam sorgte für viele Tiere und konnte mit ihnen spielen. Dennoch fühlte er sich einsam.

Da schuf Gott die Frau, Eva, damit sich die Menschen unterhalten, freuen und einander Vertrauen und Liebe schenken können. Gott segnete sie. Sie durften alles genießen, was er auf Erden geschaffen hatte, und sollten Kinder haben, die ihnen helfen. Gott übertrug ihnen die Verantwortung, auf seine Schöpfung – die Tiere und Pflanzen – achtzugeben. Gott liebte Adam und Eva und wollte das Beste für sie. Er wünschte sich, dass die Menschen diese Liebe spüren und auf sein Wort achten und klug handeln. Sie sollten glücklich sein, solange sie nach seinen Geboten lebten.

Gott schenkte Adam und Eva einen wunderschönen Garten. Darin standen Bäume mit reifen Früchten zum Essen.

„Erntet die Früchte und esst euch satt", sagte Gott zu ihnen. „Aber esst nicht von dem Baum in der Mitte des Gartens. Das ist der Baum der Erkenntnis des Guten und des Bösen. Wenn ihr von dem Baum esst, werdet ihr sterben."

Gott brachte alle Tiere und Vögel zu Adam, damit er ihnen Namen geben konnte. Adam und Eva sprachen und spielten mit den Tieren. Und die Tiere gehorchten ihnen.

Adam und Eva kümmerten sich um den Garten Gottes. Sorgsam pflegten sie alle Pflanzen und Bäume.

Jeden Abend, wenn es kühl wurde, kam Gott und sprach mit ihnen. Sie gingen spazieren und erzählten sich, was am Tage geschehen war, bis die Dunkelheit den Tag vollendete.

Die verdorbene Schöpfungsfreude

DIE VERBOTENE FRUCHT

Genesis 3

Nichts konnte Adams und Evas Glück im Garten Eden stören. So schien es zumindest. Aber was gut und schön ist, erweckt manchmal bösartigen Neid.

Eines Tages sagte die Schlange, die das schlaueste Tier im Garten war, zu Eva:

„Hat Gott wirklich gesagt, dass ihr nicht von diesem wunderschönen Baum essen dürft?"

„Ja, das hat er!", antwortete Eva. „Wir dürfen von allem essen, soviel wir wollen, nur nicht von dem einen Baum da drüben. Gott hat gesagt, wenn wir davon essen, müssen wir sterben."

„Das ist nicht wahr", zischte die Schlange. „Gott weiß, dass ihr dann, wenn ihr von dem Baum esst, so klug und weise sein werdet wie er. Deshalb hat er es euch verboten."

Eva betrachtete die saftigen Früchte, die an dem verbotenen Baum hingen, nun mit anderen Augen. Wie köstlich sie aussahen! Sie stellte sich vor, wie gut sie erst schmecken würden. Dann überlegte sie, wie herrlich es wäre, so weise zu werden, wie die Schlange es versprochen hatte. Jetzt war sie entschlossen: Schnell pflückte sie eine der verbotenen Früchte, biss hinein und reichte den Apfel Adam, damit er auch davon probierte.

Doch statt klug und weise zu sein, fühlten sich die beiden elend. Sie hatten Gott, ihren Schöpfer und Freund, nicht geachtet und nicht mehr auf sein Wort vertraut, dass er sie liebt und es gut mit ihnen meint. Als es Abend wurde, versteckten sie sich vor ihm. Sie schämten sich, dass sie ungehorsam gewesen waren. Mit großen Blättern bedeckten sie ihre nackten Körper und verbargen sich dann lautlos im Gebüsch.

Bisher hatten sie jeden Abend geduldig darauf gewartet, dass Gott sie liebevoll ansprach. Jetzt fürchteten sie sich vor der wohlbekannten Stimme.

Und schließlich hörten sie Gott rufen: „Wo bist du, Adam?"

DAS VERLORENE PARADIES

Genesis 3

Adam und Eva kamen zögernd aus ihrem Versteck. Lange und traurig blickte Gott das schuldbeladene Paar an. „Warum versteckt ihr euch?", fragte er.

„Ich schäme mich vor dir, weil ich nackt bin", stammelte Adam.

„Wer hat euch gesagt, dass ihr nackt seid?", fragte Gott. „Habt ihr von dem Baum der Erkenntnis des Guten und des Bösen gegessen?"

„Es ist nicht meine Schuld", sagte Adam. „Eva hat mich dazu verführt."

„Es ist nicht meine Schuld", sagte Eva. „Die listige Schlange hat mich dazu gebracht."

Gott erklärte ihnen, dass sie durch ihren Ungehorsam das Paradies zerstört hatten. Dornen und Unkraut würden nun zwischen Getreide und Blumen wachsen. Hart und mühevoll würde die Arbeit werden.

Es sollte noch schlimmer kommen: „Ihr könnt nicht mehr in diesem Garten leben", sagte Gott. „Ihr habt euch dafür entschieden, das zu tun, was ihr wollt. Und das bedeutet auch, dass ihr euch entschieden habt, von mir zu gehen. Ihr müsst jetzt euren eigenen Weg in der Welt finden. Und wenn ihr alt seid, werdet ihr sterben."

Das Herz war ihnen schwer, als Adam und Eva den wunderbaren Garten Eden verließen.

Gottes Engel bewachten mit flammendem Schwert den Eingang zum Paradies, das für die Menschen nun für immer verloren schien.

Die Geschichte von Abraham

GOTT RUFT ABRAHAM

Genesis 11–12

Auch wenn die Menschen nicht mehr mit Gott in seinem Paradiesgarten leben können, geht Gottes Geschichte mit uns Menschen dennoch weiter. Ein Mensch, der auf Gott und seine Versprechen vertraute, war Abraham aus der Stadt Ur.

Ur war eine große Stadt. Händler und Gelehrte wohnten hier, und es gab komfortable Häuser für reiche und wohlhabende Bürger wie Abraham.

Eines Tages teilte Gott Abraham etwas sehr Überraschendes mit. Er sagte zu ihm: „Verlasse dein Vaterhaus und deine Verwandten – und mache dich auf in das Land, das ich dir zeigen werde. Ich werde dich zum Stammvater eines großen Volkes machen und dich segnen. Überall sollst du für alle Menschen ein Segen sein."

Abraham machte sich ernste Gedanken. Wenn er Gott gehorchte, müsste er das bequeme Stadtleben aufgeben und hätte kein festes Zuhause mehr. Er würde in einem Zelt leben und von einer Wasserstelle zur anderen ziehen müssen.

Doch Abraham vertraute auf Gott und gehorchte ihm. Er machte sich mit seiner Frau Sara und seinem Neffen Lot auf den Weg nach Kanaan. Kinder hatten sie nicht.

Ihre Diener, Knechte und Hirten begleiteten sie. Die Knechte luden die wichtigsten Sachen auf die Esel, die Hirten trieben die Schaf- und Ziegenherden vor sich her. So gingen sie den Weg ins Land Kanaan, wie Gott es Abraham befohlen hatte.

GOTTES VERSPRECHEN

Genesis 15

Als ihre Herden zu groß wurden, entschied Abrahams Neffe Lot, ins grüne Jordantal zu gehen und seinen Onkel zu verlassen, der jetzt über steinige Hügel wanderte. Doch Lot hatte nicht die beste Wahl getroffen. Er ließ sich in Sodom, einer der Städte im Tal, nieder. Bald brach ein Krieg aus zwischen den Führern benachbarter Städte und Lot geriet während eines Überfalls in Gefangenschaft.

Abraham eilte mit einer starken Gruppe seiner Männer herbei und befreite Lot. Er wollte weder Geld noch eine Belohnung für seine Hilfe.

Da sprach Gott wieder zu Abraham. „Fürchte dich nicht, Abraham", sagte er. „Ich werde dich beschützen und reich belohnen!"

Aber Abraham ging es nicht um Reichtum. Es gab nur eines, was er und seine Frau Sara sich sehnlichst wünschten: ein eigenes Kind. „Was nützen mir Reichtümer?", fragte er verbittert. „Ich habe keinen Sohn, der sie erben könnte. Sara und ich sind zu alt, um noch Kinder zu bekommen. Wenn ich sterbe, wird einer meiner Diener mein Erbe sein."

„Komm heraus aus deinem Zelt", sagte Gott eines Tages zu ihm.

Abraham ging hinaus in die kühle Abendluft.

„Sieh doch zum Himmel hinauf und zähl die Sterne, wenn du sie zählen kannst", sagte Gott. „So zahlreich werden deine Nachkommen sein. Ich bin der Gott, der dich aus Ur geführt hat, ich werde immer dein Gott und der Gott deiner Kinder sein. Ich werde dir einen Sohn schenken und dieses Land seinen Nachkommen geben." Abraham glaubte fest daran, dass Gott sein Wort halten würde.

Gott freute sich, dass Abraham ihm vertraute. Er nahm Abraham an, weil dieser seinen ganzen Glauben auf ihn, Gott, den Herrn, richtete. Gott hatte versprochen, seinen Segen auf Abraham und seine Nachkommen zu legen und sie zu begleiten.

Und so kam es, dass Abraham und seine Frau Sara in hohem Alter das unverhoffte Glück hatten, noch Eltern zu werden. Sie nannten ihren Sohn Isaak.

Auszug aus Ägypten

AUFBRUCH

Exodus 13

Das Volk Gottes, die Nachfahren Abrahams und Isaaks, leb-
ten schon viele Jahre in Ägypten. Sie waren wegen einer Hun-
gersnot in Kanaan gekommen und freundlich aufgenommen
worden. Doch daran erinnerte sich längst keiner mehr. Sie
lebten noch immer in Ägypten, aber als Sklaven. Sie mussten
hart arbeiten und bekamen dafür kaum Lohn und Nahrung.
Gott erwählte einen jungen Mann mit Namen Mose. Ihn
schickte er nach Ägypten, um sein Volk aus der Sklaverei zu
befreien und zurückzubringen in das Land Kanaan, das Gott
Abraham verheißen hatte.
Doch der König der Ägypter ließ das Volk Israel nicht gehen.
Deshalb schickte Gott zehn Plagen.

In der Nacht, als die letzte Plage über Ägypten kam,
blieben die Israeliten in ihren Häusern. Die Mütter be-
reiteten ein köstliches Mahl von gebratenem Lamm-
fleisch, wie Mose es ihnen gesagt hatte. Als sie sich alle
zum Essen setzten, trugen sie noch immer ihre Alltags-
kleider, denn Mose hatte sie angewiesen, sich bereit-
zuhalten, um Ägypten schnell zu verlassen, sobald der
Befehl dazu gegeben wurde.
Um Mitternacht ertönte ein furchtbares Wehklagen aus
den Häusern der Ägypter. Als die Israeliten das hörten,
wussten sie, was los war: In den Häusern der Ägypter

starben die Erstgeborenen. Das Gottesvolk aber blieb unversehrt, denn es hatte Gott gehorcht und ihm vertraut.

Schnell schickte der König nach Mose und Aaron.

„Fort mit euch!", brüllte er. „Verlasst mein Land auf der Stelle! Nehmt eure Frauen und Kinder, Tiere und alles, was ihr wollt, doch lasst uns in Frieden!"

Sofort ließ Mose überall im Lande verkünden: Die Zeit zum Aufbruch ist da! Die Israeliten mussten sich beeilen. Der Brotteig, den sie angerührt hatten, war noch nicht aufgegangen; so schlugen sie ihn einfach in Tücher und nahmen ihn zusammen mit Töpfen und Pfannen mit.

Auch die Ägypter kamen aus ihren Häusern und drängten die Israeliten zur Eile. Sie beschenkten sie sogar mit Gold und Silber, mit Ketten, Armbändern und vielerlei Kostbarkeiten. Sie wollten sie los sein, bevor noch mehr Unheil über das Land kam.

Ohne noch lange zurückzuschauen, setzte sich die Menschenmenge mit Mose an der Spitze in Bewegung.

Gott hatte sein Versprechen gehalten. Das war der Abschied von Ägypten – für immer.

GOTT WEIST DEN WEG

Exodus 13 und 14

In großer Aufregung trat das Volk Israel seinen Auszug aus Ägypten an. Endlich war es von den Ägyptern befreit, bei denen es so hart arbeiten musste und die es so schlecht behandelt hatte. Jetzt sollte Mose die Menschen in das Land führen, das Gott ihnen versprochen hatte, als er Abraham vor vielen Jahren dazu aufrief, ihm zu folgen.

Doch wie sollten sie den Weg in das verheißene Land Kanaan finden? Um sie herum war überall Wüste. Es gab weder abgesteckte Wege noch Wegweiser, die ihnen den Weg anzeigen konnten. Gott befahl Mose, nicht den kürzesten Weg nach Kanaan zu nehmen, denn er führte an vielen Grenzposten vorbei. Gott wollte nicht, dass sein Volk so bald nach Beginn der Reise in einen Kampf verwickelt wurde. Er hatte einen längeren Weg vorgesehen, den er sie führen wollte. Tagsüber begleitete er das Volk wie eine Wolke, nachts wie eine Feuersäule, um zu beweisen, dass er bei ihnen war. Wenn sich die Wolke oder die Feuersäule bewegte, folgten ihr die Israeliten; stand sie still, so wussten sie, dass es Zeit war, die Zelte aufzuschlagen und zu rasten – so lange, bis die Wolke oder Feuersäule sich erneut bewegte. Ob Tag oder Nacht, Gott war die ganze Zeit bei ihnen und führte sie.

KOMMT ZURÜCK, SKLAVEN!

Exodus 14

Inzwischen überlegte der König in seinem Palast in Ägypten: Warum hatte er die israelitischen Sklaven nur fortgehen lassen? Er vergaß die furchtbaren Plagen, die ihn dazu veranlasst hatten. Jetzt grübelte er nur noch darüber, wie er seine Bauwerke fertigstellen sollte ohne ihre harte Arbeit. Er musste sie zurückholen!

Er gab seinen Soldaten Befehl, ihre Pferde und Streitwagen bereit zu machen und die Israeliten zu suchen. Sie sollten geschwind durch die Wüste reiten und das Volk, das mit Kindern und Tieren nur langsam vorwärtskam, aufspüren.

Die Israeliten waren gerade damit beschäftigt, ihr Lager nahe am Roten Meer aufzuschlagen. Vor ihnen lagen die Wassermassen des Meeres und um sie herum erstreckte sich überall öde, trostlose Wüste.

Plötzlich wurde das Treiben durch Alarmrufe übertönt. Jemand hatte eine Staubwolke am fernen Horizont entdeckt, und bald konnte man die gefürchteten ägyptischen Streitwagen näher kommen sehen. Panik und Schrecken breiteten sich im Lager aus.

Die Menschen drängten sich um Mose und jammerten: „Warum hast du uns nicht in Ägypten gelassen, statt uns in diese schreckliche Wüste zu bringen, wo wir umgebracht werden? Das ist alles deine Schuld!"

„Fürchtet euch nicht!", sagte Mose. „Bleibt ruhig. Gott kann uns vor den Ägyptern retten."

Aber die Ägypter kamen immer näher. Die einzige Fluchtmöglichkeit war, geradeaus zu gehen. Doch da war das Meer. Sie saßen in der Falle!

Da sprach Gott zu Mose: „Sag den Leuten, sie sollen weiter geradeaus gehen. Ich werde mein Volk retten und den Ägyptern zeigen, dass ich Gott bin. Wartet ab und seht, was geschehen wird."

DIE DURCHQUERUNG
DES ROTEN MEERES

Exodus 14

Mose tat, was Gott ihm befohlen hatte. Er hob seinen Stab hoch über das Wasser. Sofort begann ein kräftiger Ostwind zu blasen. Er peitschte das Wasser auf, trieb es zu beiden Seiten auseinander und ließ einen breiten Durchgang in der Mitte frei.

Zeitgleich wanderte Gottes Wolke, die bisher den Weg gewiesen hatte, zurück und verbarg die Israeliten vor den Blicken der nachkommenden Ägypter. Als es Nacht wurde, brachte die Wolke ein glühendes Licht hervor und führte die Israeliten durch das Meer. Die ganze Nacht marschierten sie.

Doch die ägyptischen Soldaten gaben die Verfolgung der Israeliten nicht auf und hatten sie mit ihren schnellen Wagen schon beinahe eingeholt. Sie stürmten den entlaufenen Sklaven einfach hinterher, ohne in ihrem Hass auf irgendetwas zu achten. Die Räder ihrer Wagen blieben bald im Schlamm des Meeresbodens stecken. Die Wagenfahrer trieben ihre Pferde an, aber vergeblich. Die Räder gruben sich nur noch tiefer ein, und sie saßen fest. Als der Morgen dämmerte, hatte der letzte Israelit sicher das andere Ufer des Meeres erreicht.

„Erhebe den Stab noch einmal über das Meer", befahl Gott Mose. Als er es tat, flossen die Fluten wieder zusammen – und das ganze ägyptische Heer war verloren. Die Israeliten tanzten und sangen voll Dankbarkeit und Freude. Sie waren frei! Gott hatte sein Volk gerettet!

Gottes Gesetze

DIE ZEHN GEBOTE

Exodus 20

Gott wollte mit seinem Volk Israel einen Bund schließen, das heißt: Er versprach den Menschen, immer bei ihnen zu sein – so wie sie es erlebt haben, als Gott sie aus Ägypten herausgeführt hat. Dafür sollten die Menschen ihm vertrauen und die Gebote achten, die er ihnen gab. Mit diesen Geboten, so versprach Gott den Menschen, könnten sie glücklich miteinander leben und spüren, dass er bei ihnen ist.
Auf dem Berg Sinai sprach Gott darum zu Mose und gab ihm Gebote und Gesetze für das Volk Israel. Mose schrieb diese Gesetze auf. Die wichtigsten, die für alle Menschen und zu allen Zeiten gültig sind, nennen wir die Zehn Gebote.

Die Zehn Gebote sagen uns viel über uns Menschen, indem sie davon erzählen, wie wir uns Gott gegenüber verhalten sollen. Sie reden aber auch von der Art und Weise, wie wir uns unseren Mitmenschen gegenüber verhalten sollen.

Gott sagt zum Beispiel: „Ich bin der Herr, dein Gott, du sollst neben mir keine anderen Götter haben."

Das ist das erste Gebot. Zu jener Zeit verehrten die Menschen viele Göttinnen und Götter wie die Ägypter. Heutzutage haben viele Menschen andere „Götter", die ihnen das Wichtigste sind, wie etwa Geld und Erfolg. Gott lehrt uns, dass er allein der Herr und Schöpfer ist.

Ihm allein sollen wir dienen, weil er im Unterschied zu diesen anderen Göttern frei macht.

Gott sagt auch: „Du sollst dir kein Gottesbild machen." Die Israeliten dachten, dass es vielleicht gut wäre, sich anstelle von Gott ein Bildnis zu schaffen. Gott aber wusste, dass die Leute, wenn sie sich ein Bildnis schaffen, dieses auch bald anbeten würden. Sie würden vergessen, dass Gott viel größer ist als irgendetwas, was sie sich selbst schaffen oder vorstellen können. Heute machen wir uns weniger Götterbilder – aber wir vergessen, über das hinauszudenken, was wir selbst schaffen können. Manchmal vergessen wir sogar angesichts der vielen Erfindungen und Fortschritte, die Menschen erdacht haben, dass wir trotz allem nicht allmächtig und allwissend sind.

Gott spricht: „Du sollst den Namen des Herrn, deines Gottes, nicht missbrauchen, denn der Herr lässt den nicht ungestraft, der seinen Namen missbraucht."

Das ist das zweite Gebot. Gottes Name steht für Gott allein. Niemand soll bei seinem Namen schwören, fluchen oder lügen; man soll Gottes Namen mit Achtung begegnen und so seine Liebe zu Gott zeigen.

Gott spricht: „Du sollst den Feiertag heiligen."

Das ist das dritte Gebot. Heilig bedeutet: einzigartig. Der siebte Tag ist Gott vorbehalten. Er soll der Tag sein, an dem man mehr an ihn denkt und ihm dient. Es soll auch ein Ruhetag sein, an dem sogar die Tiere von der Arbeit ausruhen können.

Gott spricht: „Ehre deinen Vater und deine Mutter!"

Das ist das vierte Gebot. Gott übertrug den Eltern die Verantwortung für ihre Kinder. Wir sind nicht allein auf

der Welt und verdanken unser Leben und unsere Fürsorge unseren Eltern.

Gott spricht: „Du sollst nicht töten!"

Das ist das fünfte Gebot. Es ist falsch zu töten – sei es aus Wut, Hass, Grausamkeit oder Gier. Die anderen Menschen haben das gleiche Recht auf Leben, den gleichen Wert wie wir.

Gott spricht: „Du sollst nicht ehebrechen!"

Das ist das sechste Gebot. Nach Gottes Plan sollen Ehepartner miteinander verbunden bleiben, solange sie leben. Denn sie haben sich versprochen, immer füreinander da zu sein und zueinanderzustehen – so wie Gott zu seinem Wort, seinem Bund stehen wird.

Gott spricht: „Du sollst nicht stehlen!"

Das ist das siebte Gebot. Niemand hat das Recht, etwas zu nehmen, das jemand anderem gehört.

Gott spricht: „Du sollst nicht Falsches gegen deinen Nächsten aussagen!"

Das ist das achte Gebot. Niemand darf über jemanden Lügen erzählen und ihn damit womöglich, wenn er vor Gericht steht, Unrecht zufügen. Es ist auch falsch, hinter dem Rücken anderer Lügen zu verbreiten und schlecht über andere zu reden.

Gott spricht: „Du sollst nicht begehren!"

Das ist der Inhalt vom neunten und zehnten Gebot. Begehren bedeutet: sich etwas, was einem anderen gehört, so sehr zu wünschen, dass man neidisch darauf ist und versucht ist, es dem anderen wegzunehmen – sei es ein Haus oder ein Esel oder gar einen Ehepartner.

Elija, der Bote Gottes

DIE SANFTE, LEISE STIMME

1 Könige 19

Die Geschichte zwischen Gott und den Menschen ist auch eine Geschichte des Scheiterns der Menschen: Immer wieder vergaßen sie, sich an Gottes Gebote zu erinnern und ihm zu vertrauen. Darum schickte Gott Propheten zu den Menschen. Diese Boten konnten Gottes Stimme hören und sprachen zu den Menschen von Gott. Dabei hat es viel Mut, Liebe und Vertrauen gebraucht, um ein Prophet zu sein. Denn die Propheten mussten den Menschen meistens Dinge sagen, die denen nicht gefielen. Einer dieser Propheten war Elija, der gegen einen neuen Gott kämpfte, der im Volk Israel immer beliebter wurde: Baal. Elija erinnerte das Volk Israel daran, dass es nur einen Gott gibt. Es gab Momente, in denen Elija an dieser großen Aufgabe fast verzweifelte und nicht weiterwusste. Doch Gott ließ Elija in seiner Traurigkeit darüber nicht allein und tröstete ihn mit seiner Nähe.

Als der Prophet Elija den Berg Sinai erreichte, wurde es gerade dunkel. Er kroch in eine Höhle, um dort die Nacht zu verbringen. Aber in der Dunkelheit sprach Gott zu ihm: „Elija, was tust du hier?"

Elija erzählte Gott, was er auf dem Herzen hatte: „Ich bin der Einzige, der noch auf deiner Seite steht", antwortete er. „Isebel, die Frau unseres Königs, hat all deine Propheten getötet, und dein Volk hat sich von dir abgewandt, um Baal zu dienen."

Als Elija aufhörte zu sprechen, fegte ein stürmischer Wind durch den Eingang der Höhle. Er war so wild wie Elijas Gedanken und Gefühle. Er heulte um den Hügel und schleuderte mit seiner Kraft Steine durch die Luft. Aber Gott war nicht im Wind.

Der Sturm legte sich, und Elija fühlte, wie die Erde unter seinen Füßen zitterte. Der Boden hob sich, ein Erdbeben erschütterte den Berg. Aber Gott war nicht in dem Erdbeben.

Dann sah Elija ein rotes Glühen. Die trockenen Büsche gingen in Flammen auf. Ein Wüstenfeuer breitete sich schnell über dem Hügel aus und erleuchtete den Nachthimmel. Aber Gott war nicht in dem Feuer.

Nach dem Feuer hörte Elija ein sanftes, leises Säuseln. Gott sprach zu ihm. Voller Staunen und Verwunderung bedeckte Elija sein Gesicht mit seinem Mantel und trat langsam aus der Höhle. Er stand im Freien und hörte Gott.

„Was tust du hier, Elija?", fragte Gott ihn noch einmal. Wieder schüttete Elija seinen Kummer vor Gott aus.

„Elija", sagte Gott. „Du bist nicht der einzige Mensch in Israel, der mich liebt und der mir dient. Es gibt noch siebentausend andere Menschen, die mir treu sind und sich weigern, Baal anzubeten."

Dann erklärte Gott Elija, was er als Nächstes tun solle. Seine Arbeit für Gott war noch nicht beendet. Gott sagte auch: „Geh und salbe Elischa, damit er nach dir Prophet wird."

Gott verstand, dass Elija einen Helfer und Freund brauchte. Elischa sollte sein Gefährte werden und seine Arbeit fortsetzen.

Die Psalmen Israels

GOTTES LOB

Psalm 117; 100

Die Menschen in Israel liebten es, Loblieder auf Gott zu singen. Das Buch der Psalmen war ihr Gesangbuch. Sie hatten einen Tempelchor und ein Orchester, das dazu spielte. Die Psalmen wurden über viele Jahre hinweg von vielen verschiedenen Dichtern geschrieben. Einige wurden bei religiösen Feiern oder zu besonderen nationalen Ereignissen gesungen, um Gott zu danken oder um seine Hilfe zu erbitten. Andere Psalmen beschrieben die Gefühle des Dichters.

König David war ein bekannter Dichter und Sänger, und viele der Psalmen erzählen von Vorkommnissen in seinem Leben. Die Psalmen drücken aber auch aus, wie wir uns heute fühlen, wenn wir glücklich oder traurig sind, schwermütig oder freudig.

Lobet den Herrn, alle Völker!
Ihr Stämme alle, lobpreist ihn!
Denn mächtig waltet über uns seine Gnade,
und seine Huld währt in Ewigkeit. Halleluja!

Jubelt dem Herrn, alle Lande,
in Freuden dient dem Herrn,
vor sein Angesicht kommt mit Jauchzen!
Wisst: Der Herr ist Gott.
Er hat uns geschaffen, wir sind sein Eigen:
sein Volk sind wir, die Herde auf seiner Weide.
Tretet ein durch seine Tore mit Liedern des Dankes,
in seine Hallen mit Lobgesang,
verherrlicht ihn und preist seinen Namen!
Der Herr ist gütig,
sein Erbarmen währet in Ewigkeit,
von Geschlecht zu Geschlecht seine Treue.

LIEDER DES TROSTES UND DER HILFE

Psalm 23

Der Herr ist mein Hirte, ich leide nicht Not;
auf grünender Weide lässt er mich lagern.
Er führt mich an Wasser der Ruhe.
Erquickung spendet er meiner Seele.
Er leitet mich auf dem rechten Pfad, getreu
seinem Namen.
Und muss ich auch wandern im finsteren Tal,
ich fürchte kein Unheil,
denn du bist bei mir. Dein Stock und dein
Hirtenstab, die geben mir Zuversicht.
Du hast einen Tisch mir bereitet vor den Augen
der Feinde.
Du salbtest mein Haupt mit Öl, mein Becher ist
gefüllt bis zum Rand.
Es geleiten mich deine Güte und Huld durch
alle Tage des Lebens.
Und wohnen darf ich im Hause des Herrn,
solange ich lebe.

AUS DEM NEUEN TESTAMENT

Das Neue Testament erzählt von Jesus,
der gekommen ist, den Bund Gottes
mit den Menschen zu erneuern.

Er verkündete die Frohe Botschaft
vom Königreich Gottes.

Nach Jesu Tod und Auferstehung verbreiteten
seine Jünger seine Botschaft in der ganzen Welt.

Der versprochene König

HOFFEN UND BETEN

Lukas 1

Vor über 400 Jahren hatte der Prophet Maleachi die Israeliten gemahnt, bereit zu sein für den Tag, an dem Gott zu seinem Volk kommen wird. Schwere Zeiten hatte es in Israel inzwischen gegeben. Griechische Eroberer waren den persischen Kaisern gefolgt. Nur ein einziges Mal hatten die Menschen in Israel unter ihrem Anführer Judas Makkabäus ihre Freiheit wiedergewonnen. Jetzt aber lebten sie erneut unter fremder Herrschaft. Die Römer hatten die Griechen besiegt. Römische Soldaten waren überall im Land stationiert.
Wie sehr sehnten sich die Juden nach einem neuen König! Es sollte ein besonderer König sein – erwählt und gesalbt von Gott wie einst König David: der Messias. Dieser König sollte die verhassten römischen Legionen vertreiben und wieder ein Königreich für das Volk Israel errichten. Wenn Gott doch nur endlich den versprochenen König schicken würde, um sie zu befreien! Einige Menschen im Land bemühten sich um ein gerechtes und gottesfürchtiges Leben. Auch sie sehnten sich nach Gottes gesalbtem König. Aber sie wünschten sich keinen großen Krieger, sondern einen gerechten und gütigen Herrscher.

Zacharias war Priester. Mit seiner Frau Elisabet betete er, Gott möge bald einen solchen Herrscher schicken. Beide waren schon alt. Sie hatten keine Kinder, obwohl sie sich immer welche gewünscht hatten.

Eines Tages erzählte ein Engel Zacharias, dass er einen Sohn bekommen würde. Er solle ihn Johannes nennen. Zacharias konnte das nicht glauben. Deshalb wurde er stumm. Und wie der Engel es gesagt hatte, wurde Elisabet wirklich schwanger.

DIE REISE IN DIE BERGE

Lukas 1

Elisabet hatte eine Verwandte, Maria. Sie lebte in Nazaret in Galiläa. Obwohl sie noch jung war, war sie schon mit Josef, dem Zimmermann des Ortes, verlobt. Gott sandte den Engel Gabriel zu Maria. Er trat bei ihr ein und sagte: „Sei gegrüßt, Maria, der Herr ist mit dir." Maria erschrak. Sie überlegte, was dieser Gruß bedeuten sollte.

Der Engel sagte: „Fürchte dich nicht, Maria, denn ich bringe dir gute Nachricht. Du wirst einen Sohn bekommen! Dem sollst du den Namen ,Jesus' geben. Er wird groß sein und Sohn des Höchsten genannt werden. Gott wird ihm den Königsthron Davids geben. Sein Reich wird nie zu Ende gehen."

„Wie soll das geschehen?", fragte Maria verwundert. „Ich bin noch nicht verheiratet."

„Gottes Geist wird über dich kommen, und seine Kraft wird es bewirken. Daher wird auch dein Kind Gottes Sohn genannt werden. Nichts ist unmöglich für Gott. Auch Elisabet, deine Verwandte, wird schon in drei Monaten einen Sohn bekommen."

„Ich verstehe das nicht", sagte Maria ruhig. „Aber ich bin Gottes Dienerin. Ich tue alles, was er von mir erwartet."

Nach einigen Tagen machte sich Maria auf den Weg zu ihrer Verwandten. Elisabet sah sie kommen, eilte ihr entgegen und umarmte und küsste sie. Sie kannte Marias wunderbares Geheimnis schon.

„Wie glücklich und gesegnet du bist!", rief sie aus. „Mehr als alle anderen Frauen bist du gesegnet, weil du geglaubt hast!"

Maria war Gott sehr dankbar. Sie lobte ihn und pries ihn für seine Güte. Welch große Dinge hatte der Herr getan! Einfache, arme Menschen wählte er aus für seine wunderbaren Pläne. Maria blieb bei Elisabet, bis diese kurz vor der Geburt des Kindes stand. Dann kehrte Maria nach Nazaret zurück.

Als Johannes dann auf die Welt kam, schrieb Zacharias voll Freude den Namen auf eine Tafel. Und von diesem Augenblick an konnte er wieder sprechen.

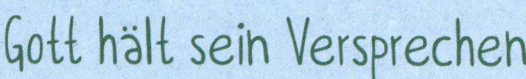

Gott hält sein Versprechen

JESUS IST GEBOREN

Lukas 2

Kaiser Augustus von Rom wollte gerne wissen, über wie viele Menschen er regiert – und mit wie viel Steuern er daher rechnen konnte. Deshalb ordnete er eine Volkszählung in seinem Reich an. Jeder musste sich in seiner Heimatstadt melden, damit sein Name in die Steuerlisten aufgenommen wird.

Die Nachricht von der Volkszählung erreichte Nazaret nur kurz vor dem Zeitpunkt, an dem Marias Kind zur Welt kommen sollte. Josef musste südwärts nach Betlehem reisen, in den Geburtsort des früheren israelischen Königs David, um sich dort in das römische Register eintragen zu lassen. Maria ging mit ihm. Die Reise dauerte fast eine Woche.

Wie froh waren sie, als sie endlich Betlehem vor sich auf dem Berg liegen sahen. Im Gasthof würde es laut und hektisch zugehen, das wussten sie. Und dort würde es nur einen einfachen Schlafraum für die Menschen und einen Hof für das Vieh geben. Immerhin hätte Maria für diese Nacht ein Dach über dem Kopf.

Aber als sie ankamen, gab es kein freies Fleckchen mehr, wo die beiden Erschöpften sich hätten niederlegen können.

Ein Bauer sah, dass Maria bald ihr Kind zur Welt bringen würde. Er bot Josef eine Höhle an, in der normalerweise das Vieh Unterschlupf fand.

Josef richtete dort einen Platz her und säuberte ihn, so gut er konnte. Noch in dieser Nacht brachte Maria einen Sohn zur Welt. Voll Freude blickten Maria und Josef auf ihr Kind.

„Wir werden es Jesus nennen", sagte Josef, „so wie es mir der Engel aufgetragen hat. Ihn hat Gott zu unserer Rettung gesandt."

Maria wickelte das Kind in Windeln. Da sie keine Wiege hatten, legte Josef das Kind in eine Futterkrippe, aus der sonst die Tiere das Heu fraßen.

DIE HIRTENGESCHICHTE

Lukas 2

Für die Hirten auf den Feldern rings um Betlehem begann diese Nacht wie viele andere Nächte. Sie mussten auf ihre Schafe aufpassen, die schon bald in der nahen Hauptstadt Jerusalem verkauft werden sollten. Dort wurden die Tiere im Tempel Gott zum Opfer dargebracht. Deshalb mussten sie in gutem Zustand sein, die Ohren unzerkratzt, die Beine ohne Schrammen. Während sie Wache hielten und sich am Feuer wärmten, erzählten sich die Hirten Geschichten, um sich die Zeit zu vertreiben und nicht einzuschlafen.

Plötzlich wurde der Nachthimmel in flammendes Licht getaucht. Ein Engel trat zu den Hirten, sein Glanz umstrahlte sie.

Sie fürchteten sich sehr.

Der Engel aber sagte: „Fürchtet euch nicht, denn ich verkünde euch eine große Freude. Heute wurde in Betlehem der Retter geboren – Christus, der Herr. Geht und seht selbst: Ihr werdet ihn in Windeln gewickelt in einer Futterkrippe finden."

Auf einmal war der ganze Himmel voller Engel. Die Luft war erfüllt von ihrem Lobgesang: „Alle Ehre gehört Gott im Himmel! Sein Friede kommt auf die Erde zu den Menschen, weil er sie liebt."

Dann verschwanden die Engel so schnell, wie sie gekommen waren. Die Hirten konnten kaum glauben, dass sie das alles wirklich erlebt hatten.

„Kommt", sagten sie. „Lasst uns sehen, was uns der Herr verkünden ließ!"

Sie rannten über die Felder auf die schlafende Stadt zu. Als sie Josef und Maria fanden und das Kind in der Krippe sahen, fielen sie auf die Knie und beteten es an. Dann berichteten sie Josef und Maria von ihrem Erlebnis und von der Nachricht des Engels.

Maria aber bewahrte alles, was geschehen war, in ihrem Herzen und dachte darüber nach.

Jesus wächst heran

JESUS IM TEMPEL

Lukas 2

Jedes Jahr im Frühling planten viele jüdische Familien eine Reise nach Jerusalem, um dort das Paschafest zu feiern. Dieses Fest erinnerte an die wunderbare Rettung aus Ägypten vor langer Zeit. Die Menschen, die von weither kamen, aßen und schliefen unterwegs im Freien. Immer mehr Pilger aus anderen Städten trafen zusammen, und gemeinsam schlossen sie sich dem großen wogenden Menschenstrom an, der sich durch die engen Gassen von Jerusalem zum Tempel bewegte.

Als Jesus zwölf Jahre alt war, ging er zusammen mit Maria und Josef zum Paschafest nach Jerusalem.

Nachdem die Festwoche vorüber war, brachen die Mütter mit ihren Kindern nach Hause auf, während die Männer zurückblieben, um später nachzukommen. So war es schon Abend, als Josef und Maria sich wieder trafen.

„Wo ist Jesus?", fragte Josef. Maria erschrak. Sie hatte geglaubt, dass er bei den Männern sei. Mit zwölf Jahren war er nämlich nach jüdischem Gesetz schon fast ein Mann und schon zu alt, um noch mit den Kleinen zu reisen.

Maria und Josef suchten ihn in der ganzen Reisegruppe, konnten Jesus aber nirgends finden. So mussten sie also nach Jerusalem zurück, in der Hoffnung, ihn dort zu finden.

Sie fragten sich, wo sie ihn denn suchen sollten. War er vielleicht mit einigen neu gewonnenen Freunden nach Hause gezogen? Aber all ihre Nachforschungen blieben erfolglos, bis zuletzt jemand sagte: „Ich habe Jesus bei den Lehrern im Tempel gesehen."

Sie eilten zum Tempelhof, wo die jüdischen Schriftgelehrten unterrichteten und miteinander über die Schriften sprachen.

Schnell hatte Maria ihren Sohn entdeckt. Er hörte eifrig den Lehrern zu und stellte ihnen Fragen. Maria konnte auf ihren Gesichtern großes Erstaunen sehen darüber, dass ein so junger Mensch sich so weise an ihren Diskussionen beteiligte.

Da schritt Josef in den Kreis. Er nahm Jesus fest bei der Hand und führte ihn zu seiner Mutter.

„Wie konntest du uns das antun?", fragte Maria. „Dein Vater und ich haben uns große Sorgen gemacht."

„Ich dachte, ihr wisst, dass ich im Haus meines Vaters sein muss", entgegnete Jesus.

Dann machten sie sich gemeinsam auf den Weg, heim nach Nazaret.

Maria dachte tief über alles nach. Sie wusste, dass ihr Sohn anders war. Aber sie musste sich noch gedulden, bis sie verstand, was das alles zu bedeuten hatte.

Johannes der Täufer

„ZEIGT, DASS IHR BEREUT!"

Matthäus 3

Die Jahre vergingen. Johannes, der Sohn von Zacharias und Elisabet, und Jesus, der Sohn von Maria, wuchsen zu Männern heran. Obwohl ihre Mütter verwandt waren, waren sie beide doch sehr verschieden.

Johannes verließ sein Zuhause und begann ein strenges Leben unter freiem Himmel, draußen, in der heißen, baumlosen Wüste nahe am Jordan. Er wollte allein sein, um zu erkennen, was Gott mit ihm vorhatte.

Er war ein einfacher, offener Mann, so wie der Prophet Elija. Und er kleidete sich auch wie dieser. Sein Gewand bestand aus einem rauen Kamelfell, das mit einem Ledergürtel um die Hüften zusammengehalten wurde. Er aß, was er in der Wüste fand: wilden Honig und Heuschrecken.

Gott gab ihm den Auftrag zu predigen, und schon bald strömten Menschenmengen zu ihm, um ihm zuzuhören.

„Hört!", rief Johannes. „Gottes Königreich ist nahe! Seht zu, dass ihr darauf vorbereitet seid. Ändert euer Leben nach Gottes Willen."

„Warum sollten wir das tun?", fragten die Menschen. „Wir sind doch Gottes erwähltes Volk – also wird er schon mit uns zufrieden sein."

„Verlasst euch nicht darauf!", warnte Johannes sie. „Als auserwähltes Volk geboren zu sein, genügt nicht. Ihr müsst Gott zeigen, wie leid euch eure schlechten Taten tun, und dann ein Leben beginnen, das ihm gefällt."

Viele Menschen spürten, dass es Gottes Stimme war, die da zu ihnen sprach. Sie bereuten, Gottes Gesetze übertreten zu haben.

Johannes taufte sie im Fluss Jordan, indem er sie unter das Wasser tauchte. Das war ein Zeichen für die Umkehr und Vergebung. Nun konnten sie frei von Schuld das Leben neu beginnen.

„Ändert nun eure Wege", predigte Johannes. „Seid nicht mehr gierig und geizig! Wenn ihr mehr Essen und Kleidung habt, als ihr benötigt, dann teilt es mit anderen. Verrichtet eure Arbeit gut und betrügt niemanden. Das ist es, was Gott will."

DIE TAUFE JESU

Matthäus 3

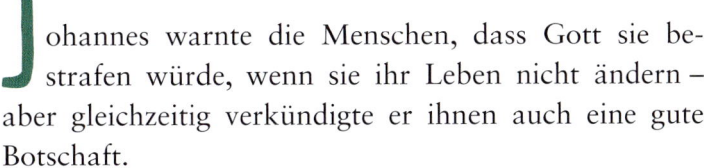

Johannes warnte die Menschen, dass Gott sie bestrafen würde, wenn sie ihr Leben nicht ändern – aber gleichzeitig verkündigte er ihnen auch eine gute Botschaft.

„Ich bereite den Weg für einen bedeutenden Mann, der bald kommen wird", sagte er. „Er ist stärker als ich. Ich bin nicht wert, sein geringster Sklave zu sein. Ich taufe euch mit Wasser, aber er wird euch mit dem Geist Gottes und mit Feuer taufen. Er wird der von Gott versprochene Messias sein."

Eines Tages kam Jesus an den Jordan zu Johannes, um sich taufen zu lassen.

Kaum war Jesus aus dem Wasser gestiegen, da öffnete sich der Himmel, und der Geist Gottes kam wie eine Taube auf ihn herunter. Und eine Stimme sprach: „Du bist mein geliebter Sohn, an dir habe ich Gefallen gefunden."

EIN NEUER MEISTER

Johannes 1 und 3

Einige von den Menschen, die Johannes getauft hatte, wurden seine Freunde und Schüler. Sie kamen, wann immer sie konnten, und hörten ihm zu. So viel wie möglich wollten sie über den kommenden König wissen.

Eines Tages, als Johannes gerade mit einigen seiner Freunde sprach, sah er Jesus den Weg entlangkommen.

„Schaut euch diesen Mann genau an", sagte er zu ihnen. „Er ist derjenige, den Gott auserwählt hat, die Sünden der ganzen Welt wegzutragen."

Zwei von Johannes' Freunden liefen Jesus nach. Da war irgendetwas Besonderes an ihm. Sie wollten ihn unbedingt näher kennenlernen. Plötzlich aber verließ sie der Mut, und sie blieben stehen. Doch Jesus blieb ebenfalls stehen und lud sie ein, zu ihm zu kommen und den Tag über bei ihm zu bleiben.

Als sie am Abend nach Hause gingen, war der eine von ihnen, er hieß Andreas, so begeistert von Jesus, dass er eiligst seinem Bruder Simon diese Neuigkeit erzählen musste.

„Ich habe den Messias gefunden", rief er, „den von Gott gesalbten König! Du musst ihn kennenlernen."

Als Jesus Simon traf, schaute er ihn lange prüfend an. Dann sagte er zu ihm: „Ich gebe dir einen neuen Namen, Simon. Du sollst Petrus heißen – der Fels. Denn eines Tages wirst du wie ein unerschütterlicher Fels sein."

Jesus beginnt sein Wirken

WEIN FÜR DIE HOCHZEIT

Johannes 2

Eines Tages waren Jesus und seine Jünger zu einer Hochzeit eingeladen, und zwar nach Kana, einem kleinen Ort in den Bergen von Galiläa.

Während sich die Gäste auf dem Fest vergnügten, gab es plötzlich Aufregung in der Küche. Es war kein Wein mehr da! Die Mutter Jesu, die davon hörte, winkte Jesus herbei.

„Bitte, tu etwas!", bat sie ihn. „Wenn wir nicht irgendwoher Wein bekommen, ist das ganze Fest verdorben und Schande kommt über den Bräutigam und seine Familie."

Jesus wusste, dass die Zeit vorbei war, in der er zu Hause tun musste, was die Mutter befahl. Jetzt erhielt er seine Aufträge von Gott, ihm allein hatte er zu folgen.

„Ich muss warten, bis die rechte Zeit zum Handeln gekommen ist", sagte er ihr.

„Tut alles, was mein Sohn euch auftragen wird", flüsterte Maria den Dienern zu. Sie war sich sicher, dass Jesus den Freunden helfen und sie vor der Schande bewahren würde.

Jeder Mensch wäscht sich gerne vor dem Essen die Hände. Die strengen religiösen Vorschriften der Juden ver-

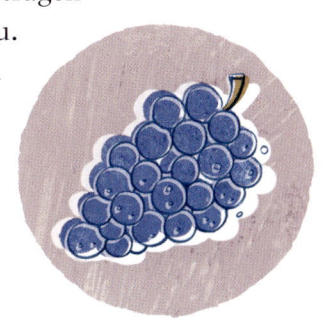

langten sogar, dass sie sich die Hände wieder und wieder wuschen. Jesus sah die Reihe der hohen Wasserkrüge, in denen man große Mengen Wasser für die Gäste zum Waschen bereitgehalten hatte. Jetzt waren sie leer.

„Füllt diese Krüge mit Wasser", trug er den Dienern auf. „Dann bringt etwas davon dem, der für das Festmahl verantwortlich ist."

Dieser nahm einen tiefen Schluck, dann rief er dem Bräutigam zu: „Du hast ja den besten Wein bis zum Schluss aufgehoben!" Er wusste nicht, woher der Wein war.

Verwundert blickten die Jünger auf Jesus. Sie erkannten, dass er ein ganz besonderer Mensch war.

Jesus, der Lehrer

DIE BERGPREDIGT

Matthäus 5 und Lukas 6

Die religiösen Führer ließen bald erkennen, dass sie nicht hören wollten, was Jesus über Gott erzählte. Sie hatten ihre eigenen Vorstellungen darüber, wie Gott ist und wie sie ihm gefallen könnten. Streng hielten sie sich an das Gesetz des Mose, erweiterten die Zehn Gebote aber noch um Hunderte von zusätzlichen Vorschriften.

Jesus aber lehrte, dass es wichtiger sei, wie wir über andere Menschen denken und uns ihnen gegenüber verhalten, als wie wir uns die Hände waschen und welche Nahrung wir zu uns nehmen.

Da die religiösen Führer des Volkes Jesus nicht in die Synagoge lassen wollten, unterrichtete er seine Jünger und Zuhörer im Freien.

Als sie eines Tages an einem Berghang saßen, sagte Jesus: „Wenn ihr Kinder Gottes sein wollt, müsst ihr Gott ähnlich werden und tun, was er tut: Gott ist zu allen gut. Sonne und Regen schickt er jedem – nicht nur denen, die es verdienen. So sollt auch ihr gut sein. Sogar die sollt ihr lieben, die böse zu euch sind oder euch schlecht behandeln. Zahlt ihnen alles in Güte zurück."

Die religiösen Lehrer wachten sehr streng über die Befolgung der Zehn Gebote, einschließlich des einen Gebotes, das heißt: Du sollst nicht töten! Dennoch planten einige von ihnen, Jesus zu töten.

Jesus hingegen lehrte, dass Gott in die Herzen der Menschen blickt. Dass er will, dass die Menschen nicht nur nach außen hin gut sind, wo jeder es sehen kann, sondern auch in ihrem Innern. Nicht nur der Räuber oder Mörder ist ein Sünder, sondern auch der, der Hass und Zorn gegen andere in seinem Herzen wohnen lässt.

„Wahrhaft glücklich ist der Mensch, der weiß, wie sehr er Gottes Hilfe und Vergebung braucht", fuhr Jesus fort. „Er weiß, dass er nie vollkommen vor Gott ist, doch er möchte ihn von ganzem Herzen lieben und ihm gefallen. Und darauf kommt es an. Gott wird gut zu diesem Menschen sein. Wenn Menschen Gott von ganzem Herzen lieben, dann werden sie auch miteinander freundlich und geduldig sein und nicht ihre Ellbogen gebrauchen oder alles an sich reißen wollen. Sie werden versuchen, Streit zu schlichten und Frieden zu stiften. Der Mensch, der wirklich glücklich zu leben vermag, setzt Gott an die erste Stelle in seinem Leben und steht treu zu ihm, welche Folgen das auch immer für ihn haben mag. Wenn euch Menschen verfolgen und euch Böses nachsagen, weil ihr mir nachfolgt, dann seid glücklich! Gott hat im Himmel eine wunderbare Belohnung für euch!"

„HERR, LEHRE UNS, WIE MAN BETET!"

Matthäus 6; Lukas 11; Markus 11

S pät in der Nacht oder früh am Morgen, wenn die Jünger noch im Schlaf lagen, ging Jesus oft allein weg, um zu beten. Er schien das Gebet so zu brauchen wie sie den Schlaf.

Eines Tages baten sie ihn: „Meister, lehre uns doch, wie man betet!"

„Es ist genauso wichtig zu wissen, wie man *nicht* beten soll", erklärte Jesus. „Passt auf, nicht die Menschen um euch herum nachzuahmen, denn diese beten oft nur äußerlich. Sie sagen ihr Gebet anderen zuliebe auf, nicht Gott zuliebe. Sie suchen sich einen Platz, an dem sich viele Menschen aufhalten, dann stehen sie auf und beten laut und ausgiebig, sodass alle beeindruckt sind. Tut so etwas nicht! Sucht euch einen Ort, wo ihr allein sein könnt, wo nur Gott euch sehen und hören kann. Wenn ihr wollt, dass Gott euch hört, dann müssen eure Gebete nicht lang sein oder großartig klingen. Sagt nicht die gleichen Worte immer wieder und wieder, ohne darüber nachzudenken, was sie bedeuten. Gott kennt alle eure Bedürfnisse, noch bevor ihr zu ihm betet. Aber er möchte, dass ihr mit ihm darüber in einfachen und ehrlichen Worten sprecht. Und so sollt ihr beten. Sagt:

‚Vater unser' – denn Gott ist zwar groß und heilig, aber er ist auch euer Vater.

Dann betet: ‚Geheiligt werde dein Name. Dein Reich komme. Dein Wille geschehe. Wie im Himmel, so auf Erden.' –

Gottes Ehre und sein Reich müssen an erster Stelle eurer Gedanken stehen. Es geht darum, dass wir auf Gott vertrauen und hoffen, was immer kommen mag. Er wird bei uns sein.

Dann betet für eure eigenen Bedürfnisse: ‚Unser tägliches Brot gib uns heute. Und vergib uns unsere Schuld, wie auch wir vergeben unseren Schuldigern. Und führe uns nicht in Versuchung, sondern erlöse uns von dem Bösen.' – Das ist die Bitte um die Nahrung, die wir heute konkret brauchen. Aber wir sind nicht nur unser Körper. Auch unsere Seele hat Hunger: Vergib uns, was wir falsch gemacht haben, so wie auch wir den Menschen vergeben, die uns falsch behandelt und uns verletzt haben. Vergesst nie, dass es unmöglich ist, Gott um Vergebung zu bitten, wenn ihr selbst nicht bereit seid, anderen zu vergeben. Gott wird euch nur erlösen und vergeben, wenn ihr Liebe und Vergebung füreinander in euren Herzen habt. Und bittet auch darum, dass Gott euch führt und hilft, richtige Entscheidungen zu treffen. ‚Denn dein ist das Reich und die Kraft und die Herrlichkeit in Ewigkeit. Amen.' –

Vor allem aber kommt nie voller Zweifel zu Gott. Seid sicher, dass er euch hört, und vertraut darauf, dass er euch die bestmögliche Antwort auf eure Gebete geben wird."

Die Feinde Jesu

WER KANN SÜNDEN VERGEBEN?

Markus 2

Die Menge im Raum beobachtete alles gespannt. Sie wollten mit eigenen Augen sehen, wie Jesus ein Wunder vollbrachte. Aber Jesus wandte sich dem Mann zu, der still und blass auf der Trage vor seinen Füßen lag, und er sagte: „Mein Sohn, deine Sünden sind dir vergeben."

Obwohl Jesus ihn nie zuvor gesehen hatte, wusste er doch, dass dieser Mann etwas anderes viel dringender brauchte als die Heilung seiner Krankheit. Die Menschen mochten enttäuscht gewesen sein, der Kranke selbst aber verspürte eine Woge von Glück und Erleichterung. All die schlechten Taten, die so lange sein Gewissen gequält hatten, waren durch die Macht Jesu weggeräumt.

Die religiösen Führer waren entsetzt. „Wie kann er es wagen, diesem Menschen zu vergeben?", flüsterten sie untereinander. „Gott ist der Einzige, der Sünden vergeben kann. Wofür hält dieser Jesus sich eigentlich?"

Jesus wusste genau, was sie dachten und sagten, und er beantwortete ihre Frage laut: „Wenn ich sage: ‚Ich vergebe dir deine Sünden', so habt ihr keine Möglichkeit nachzuprüfen, ob ich wirklich fähig bin, das zu tun. Aber ihr könnt gleich mit eigenen Augen meine Macht sehen, wenn ich auch den Körper dieses Mannes heile."

Darauf wandte er sich wieder an den stillen Mann auf der Trage. „Steh auf!", sagte er zu ihm. „Nimm deine Trage und geh nach Hause!"

Da stand der Mann auf, der sich so lange nicht mehr bewegen, geschweige denn gehen konnte, und bückte sich, um seine Trage aufzuheben. Mit einem frohen Lächeln drängte er sich durch die Menge und zur Tür hinaus.

Wenn Jesus wirklich einen gelähmten Mann wie diesen heilen kann, dachten da die Leute, dann wird es auch wahr sein, dass er Sünden vergeben kann.

Geschichten über das Gottesreich

DEN SAMEN SÄEN

Markus 4

Ein andermal lehrte Jesus wieder am Ufer des Sees, und sehr viele Menschen versammelten sich um ihn. Er stieg deshalb in ein Boot, und die Jünger stießen es ein wenig vom Ufer ab, sodass jeder Jesus sehen konnte. „Hört!", begann Jesus, und seine Stimme klang über das stille Wasser. „Ein Bauer wollte Getreide säen. Während er über das Feld ging und die Körner ausstreute, fielen einige auf den Weg. Die Vögel kamen und pickten sie auf. Einige Körner fielen auf felsigen Boden mit einer dünnen Erdschicht. Die Saat ging dort schnell auf. Aber da sie keine tiefen Wurzeln bilden konnten, welkten die Pflanzen bald und verdorrten in der heißen Sonne. Einiges Saatgut fiel unter die Dornen am Feldrand. Als es aufwuchs, wurde es von den kräftigen Dornen erstickt. Aber ein Teil der Saat des Bauern fiel auf gute, fruchtbare Erde und brachte vielfache, reiche Ernte."

Dann sagte Jesus: „Wer Ohren hat zum Hören, der höre!"

„Wir wissen nicht, was die Geschichte bedeutet", sagten die Jünger später. „Wir hören gut zu, aber wir verstehen den Sinn der Worte nicht."

„Aus diesen Erzählungen", sagte Jesus, „kann jeder, der lernen will, viel über das Gottesreich erfahren. Menschen, die nur neugierig sind und nicht auf Gottes Botschaft hören wollen, werden im Dunkeln bleiben.

Ich will euch die Geschichte erklären:

Der Bauer ist der Mensch, der Gottes Botschaft verbreitet. Die Saat – das ist Gottes Botschaft, und diese ist immer gut. Aber sie erreicht die Ohren von ganz unterschiedlichen Zuhörern.

Einige Zuhörer sind hartherzig und starrsinnig. Sie wollen Gottes Wort nicht annehmen. Sie sind wie der harte, ausgetretene Weg. Sie vergessen bald alles, was sie über die Botschaft gehört haben. Die Saat geht nicht auf.

Andere sind wie die dünne Erdschicht über dem felsigen Grund. Anfangs sind sie froh über Gottes Wort. Aber wenn es wehtut und anstrengend wird, sich nach ihm zu richten, geben sie auf. Die Saat, die unter die Dornen fiel – das sind die Menschen, deren Leben voller Sorgen und Wünsche ist. Durch all die Dinge, die sie im Kopf haben, wird Gottes Wort bei ihnen erstickt. Aber einige Menschen haben offene Herzen und Sinne, um anzunehmen und zu befolgen, was Gott ihnen zu sagen hat. Sie sind wie die gute Erde. Bei ihnen fällt die Saat auf fruchtbaren Boden. Sie zeigen durch ihr Leben, dass sie auf Gott hören. Das ist es, was Gott eine gute Ernte nennt."

EINEN SCHATZ FINDEN

Matthäus 13

„Es war einmal", begann Jesus zu erzählen – und alle spitzten gespannt die Ohren. Mit einer neuen Geschichte wollte er seinen Hörern noch mehr vom Gottesreich erzählen.

„Es war einmal ein Mann, der einen kleinen Acker umgraben wollte. Da traf seine Hacke auf etwas Hartes. Er bückte sich, um die Erde wegzuräumen, und fand einen Schatz: Goldmünzen, Ringe und Broschen funkelten in der Sonne. Rasch deckte der Mann den Schatz zu, um ihn wieder zu verbergen. Er stützte sich auf seine Hacke und dachte nach. Wenn er den Acker kaufen könnte, würde der Schatz ihm gehören. Er wusste, dass er seinen letzten Pfennig dafür hergeben musste. Aber er ging hin, verkaufte alles, was er besaß, und erwarb den Acker. Der war es wert! Der Schatz gehörte jetzt ihm.“

Und Jesus erzählte noch ein anderes Gleichnis:
„Es war einmal ein Kaufmann, der handelte mit feinen Perlen. Eines Tages entdeckte er eine Perle, die war so groß und so wunderschön, dass es ihm den Atem raubte. Niemals zuvor hatte er eine solche Perle gesehen. Als er sich aber nach dem Preis erkundigte, wurde ihm klar, dass er trotz seines Reichtums nicht genug Geld besaß, um sie zu kaufen. Aber er *musste* die Perle einfach haben! Also war er gezwungen, sich von seinen übrigen Perlen zu trennen, so kostbar sie auch einmal für ihn gewesen waren. Nur auf diese Weise konnte er in den Besitz dieser einen unvergleichlichen Perle kommen.“

Beide Geschichten erzählen von Menschen, die sich mit allem, was sie haben, für Gott einsetzen. Sie brauchen keine Sicherheiten, denn ihr Vertrauen auf Gott und darauf, dass er gut für sie sorgen wird, trägt sie. Manch einer unter den Zuhörern begriff über diese Gleichnisse wieder ein wenig mehr vom Gottesreich.

Jesus, Freund in der Not

DER STURM AUF DEM SEE

Markus 4

Es war ein langer, anstrengender Tag gewesen. Seit dem frühen Morgen hatte Jesus zu der Menschenmenge am Seeufer gesprochen und Kranke geheilt. Jetzt wurden das tiefe Blau des Himmels und des Wassers langsam blass. Die Nacht zog herauf.

„Lasst uns über den See fahren!", forderte Jesus die Jünger auf. Sie schickten die Leute fort und stiegen zu Jesus in das Boot. Er legte sich hinten im Boot auf ein Kissen. Kaum hatte er sich hingelegt, schlief er auch schon.

Ruhig ruderten die Jünger das Boot. Aber selbst die erfahrensten Fischer am See von Galiläa fürchteten die Stürme, die aus dem Nichts losbrechen konnten. Und plötzlich stöhnte und heulte der Wind. Die Wellen stiegen hoch und schwappten über die Wände des Bootes. Der sanfte See hatte sich in eine wilde Bestie verwandelt. Die Jünger strengten sich an, das schäumende Wasser, in dem sie standen, aus dem Boot zu schöpfen. Aber immer mehr Wasser ergoss sich in das Boot. Bald musste es vollgelaufen sein und würde sinken.

Da schauten sie sich nach Jesus um. Überrascht sahen sie, dass er immer noch schlief. Sie weckten ihn und riefen: „Meister, kümmert es dich nicht, dass wir zugrunde gehen?"

Da stand Jesus auf und wandte sich an den wild tosen-
den Wind: „Schweig!", befahl er.
Dann schaute er auf die Wellen. „Beruhigt euch!", rief er
ihnen zu.
Im gleichen Augenblick legte sich der Wind, und die
Wellen fielen in sich zusammen.
Dann fragte Jesus die Jünger: „Warum habt ihr solche
Angst? Habt ihr noch keinen Glauben?"
Da ergriff sie große Furcht und sie sagten zueinander:
„Was ist das für ein Mensch, dass ihm sogar der Wind
und der See gehorchen?"

Jesus und seine Jünger

WER IST DER GRÖSSTE?

Markus 9

Jesus und seine Freunde wanderten die staubige Straße entlang. Jesus war schon etwas vorausgegangen, die Jünger kamen hinterher. Sie sprachen miteinander, und von Minute zu Minute wurde ihr Gespräch lebhafter. Schließlich erreichten sie das schattige Haus. Jesus war schon dort. Fragend schaute er sie an.

„Worüber habt ihr auf dem Weg so heftig gesprochen?", fragte er sie.

Es herrschte peinliche Stille. Sie schämten sich, Jesus zu sagen, worüber sie gestritten hatten. Jeder von ihnen hatte nämlich versucht zu beweisen, dass er wichtiger sei als die anderen.

Jesus wusste, was in ihren Herzen vorging.

„Kommt her", sagte er, und beschämt näherten sich die Jünger.

„Also dann", begann Jesus. „Wer von euch möchte der Größte sein?"

Wieder war es still, aber alle hörten genau zu.

„Ich will euch sagen, wie man in meinem Königreich der Größte wird", fuhr Jesus fort. „Es ist derjenige, der sich unaufhörlich um andere kümmert, der nie zuerst an sich selbst und seine eigenen Bedürfnisse denkt."

Eines der Kinder aus dem Haus hatte sich verstohlen neben Jesus gesetzt und hörte ebenfalls zu.

Jetzt stellte Jesus das Kind in ihre Mitte, nahm es in seine Arme und sagte: „Schaut, große Leute sollten sein wie Kinder. Sie halten sich nicht für die Größten, sondern sind bereit, mir zu vertrauen und zu tun, was ich sage – so wie diese Kinder hier. Denkt daran: Immer wenn ihr mir zuliebe ein Kind aufnehmt, statt es wegzuschicken, dann ist es genauso, als würdet ihr mich aufnehmen. Und wer mich aufnimmt, der nimmt Gott selbst bei sich auf."

Die Macht Jesu

DIE SPEISUNG DER VIELEN

Markus 6; Johannes 6

Jesus hatte seine Jünger beauftragt, selbst zu predigen und in seinem Namen zu heilen.

Nach einiger Zeit versammelten sich die Jünger bei Jesus und berichteten ihm, was sie getan und gelehrt hatten. Da sagte er zu ihnen: „Kommt mit an einen einsamen Ort, wo wir allein sind, und ruht euch ein wenig aus."

Denn sie hatten nicht einmal Zeit zum Essen, so zahlreich waren die Leute, die kamen und gingen. Sie fuhren also mit dem Boot in eine einsame Gegend, um allein zu sein.

Aber man sah sie abfahren, und viele erfuhren davon; die Menschen liefen zu Fuß aus allen Städten dorthin und kamen noch vor ihnen an.

Als Jesus ausstieg und die vielen Menschen sah, hatte er Mitleid mit ihnen, denn sie waren wie Schafe, die keinen Hirten haben. Und er sprach lange vor ihnen.

Gegen Abend kamen seine Jünger zu ihm und sagten: „Der Ort ist abgelegen, und es ist schon spät. Schick sie weg, damit sie in die umliegenden Dörfer gehen und sich etwas zu essen kaufen können."

Er erwiderte: „Gebt ihr ihnen zu essen!"

Philippus antwortete ihm: „Das wenige Geld, das wir haben, reicht nicht aus für Brot, wenn jeder von ihnen auch nur ein kleines Stück bekommen soll."

Andreas sagte: „Hier ist ein kleiner Junge, der hat fünf Gerstenbrote und zwei Fische. Doch was ist das schon für so viele!"

Jesus sagte: „Lasst die Leute sich ins Gras setzen."

Da setzten sie sich; es waren etwa fünftausend Menschen.

Dann nahm Jesus die Brote, sprach das Dankgebet und teilte mit seinen Jüngern an die Leute aus, soviel sie wollten; ebenso machte er es mit den Fischen.

Als die Menge satt war, sagte er zu seinen Jüngern: „Sammelt die übrig gebliebenen Brotstücke ein, damit nichts verdirbt."

Es wurden zwölf Körbe voll. Als die Menschen sahen, was Jesus getan hatte, sagten sie: „Das ist wirklich der Prophet, der in die Welt kommen soll."

Geschichten über Gottes Liebe

DAS VERLORENE SCHAF

Lukas 15

Die Pharisäer und die strengen jüdischen Lehrer, die Jesus zuhörten, waren entsetzt über die Menschen, die mit ihnen in der Menge standen. Das waren genau die, die unbekümmert all die Gesetze und Vorschriften übertraten, die sie selbst so streng befolgten. Diese Art Menschen hatte nichts gemeinsam mit angesehenen Juden, wie sie selbst es waren. Das sollte Jesus eigentlich wissen und nicht zulassen.

„Mir wurde berichtet, dass er sich sogar mit Sündern abgibt und mit ihnen isst", empörte sich ein Pharisäer.

„Es kann bestimmt kein von Gott gesandter Lehrer sein, wenn er solches Gesindel willkommen heißt", bemerkte sein Freund.

„Gott will nichts zu tun haben mit solchen Sündern", meinte ein anderer.

Jesus hörte, was sie redeten. Da erzählte er ihnen ein Gleichnis:

„Stellt euch vor", sagte er, „ihr hättet einhundert Schafe. Eines Abends merkt ihr beim Zählen, dass eines fehlt. Was werdet ihr tun? Werdet ihr euch mit den neunundneunzig anderen zur Ruhe begeben und denken, dass der Verlust eines einzigen Schafs nichts ausmacht? Natürlich nicht! Ihr werdet sofort aufbrechen, ganz gleich, wie müde ihr seid, und den Weg zurückgehen, den ihr am Tag mit der Herde gezogen seid. Von jedem steilen Felsen werdet ihr herabschauen und mit eurer Lampe in jedes dunkle Gebüsch leuchten. Endlich hört ihr ein zartes, schwaches Blöken! Alle Müdigkeit ist vergessen, ihr nehmt das verlorene Schaf auf eure Schultern und geht nach Hause, glücklich und mit leichtem Herzen.

Wenn ihr dort angekommen seid, feiert ihr ein Fest mit den anderen Schäfern und den Dorfbewohnern, um eure Freude über das wiedergefundene Schaf mit ihnen zu teilen.

Ebenso wird auch im Himmel mehr Freude herrschen über jeden einzelnen Menschen, der verloren war und zu Gott zurückgefunden hat, als über neunundneunzig Menschen, die es nicht nötig haben, ihren Sinn zu ändern.‘“

DER VERLORENE SOHN

Lukas 15

Als Jesus merkte, dass die Pharisäer noch immer nicht ganz begriffen hatten, was er meinte, erzählte er ihnen noch eine Geschichte über Gottes Liebe.

„Es war einmal ein Landbesitzer“, begann er. „Der hatte zwei Söhne. Eines Tages sagte der Jüngere zu seinem Vater: ‚Ich habe es satt, zu Hause zu sein, ich möchte von hier weg. Vater, gib mir den Teil des Erbes, der mir zusteht.‘

Da teilte der Vater das Vermögen auf.

Mit dem Geld in der Tasche zog der Sohn in ein fernes Land. Dort führte er ein teures Leben und verschleuderte sein Vermögen.

An einem trüben Morgen wachte er auf und stellte fest, dass all sein Geld weg war – und mit ihm seine Freunde. Schlimmer noch war, dass gerade eine große Hungersnot im Land herrschte. Bald litt er selbst wirkliche Not. Die einzige Arbeit, die er endlich fand, war, die Schweine zu hüten. Vor lauter Hunger wäre er sogar zufrieden gewesen, das Schweinefutter essen zu dürfen.

Da gingen ihm die Augen auf. ‚Ich verhungere beinahe‘, sagte er zu sich, ‚während zu Hause bei meinem Vater sogar die Tagelöhner mehr als genug zu essen haben. Ich werde jetzt zu ihm zurückgehen und ihm sagen, wie leid mir alles tut. Er wird mich wohl nicht mehr als seinen Sohn annehmen, aber vielleicht gibt er mir Arbeit auf seinem Hof.‘

Sofort brach er auf. Mit großer Anstrengung legte er den steinigen Weg nach Hause zurück.

Als er noch ein gutes Stück vom Elternhaus entfernt war, erblickte ihn sein Vater und rannte ihm voller Mitleid und Liebe entgegen. Er schloss ihn in seine Arme, und Freudentränen liefen ihm über die Wangen.

‚Es tut mir leid, Vater‘, flüsterte der Junge, selber den Tränen nahe. ‚Ich bin es nicht mehr wert, dein Sohn zu sein.‘

Aber der Vater ließ ihn gar nicht weitersprechen. Er wandte sich an die Diener: ‚Holt meinem Sohn das beste Gewand und Sandalen, steckt ihm einen Ring an den Finger! Dann schlachtet das Mastkalb! Wir haben ein großes Fest zu feiern.'

Das Fest war in vollem Gange, als der ältere Sohn von der Feldarbeit heimkam.

‚Was ist denn hier los?', fragte er einen Knecht, als die Musik an sein Ohr drang und er das Tanzen sah.

Der Knecht antwortete: ‚Dein Bruder ist wiedergekommen, und dein Vater hat zur Feier des Tages das Mastkalb schlachten lassen.'

Da wurde der ältere Sohn zornig und wollte nicht hineingehen.

Sein Vater kam, um ihn zu holen. ‚Komm herein und feiere mit uns!', bat er.

Aber der ältere Sohn schimpfte: ‚Ich habe all die Jahre für dich geschuftet', murrte er. ‚Aber für mich hast du nie ein Fest gegeben. Jetzt kommt der, der all dein Geld verschleudert hat, nach Hause, und du schlachtest das Mastkalb!'

Traurig sah der Vater, wie eifersüchtig und lieblos sein Sohn war. ‚Alles, was ich besitze, gehört ja dir', erinnerte er ihn sanft. ‚Du bist die ganze Zeit bei mir. Es ist richtig zu feiern, denn dein Bruder war verloren, und nun haben wir ihn wiedergefunden. Er war so gut wie tot, aber jetzt habe ich ihn wieder, lebendig und gesund.'"

Jesus, der Heiler

DER KNECHT DES HAUPTMANNS

Lukas 7; Matthäus 8

Eines Tages, als Jesus sich in der kleinen, am Ufer des Sees gelegenen Stadt Kafarnaum aufhielt, kamen einige führende Juden der Synagoge zu ihm mit einer Bitte:

„Wir kommen im Namen eines Mannes, der deine Hilfe wirklich verdient", erklärten sie. „Es ist ein römischer Offizier, der sein Quartier in der Stadt hat. Er ist ein guter Mann mit großer Achtung vor dem jüdischen Glauben. Sogar für den Bau unserer Synagoge hat er Geld gespendet. Und nun braucht er dringend deine Hilfe."

Jesus blickte hinüber zu der Stelle, wo der römische Offizier ehrfurchtsvoll stand, und nickte ihm zu.

Die strenge militärische Haltung des Offiziers lockerte sich ein wenig, als er mit großem Ernst Jesus ansprach.

„Willst du mir helfen?", fragte er. „Ich habe einen Diener, den ich sehr schätze und der hoffnungslos erkrankt ist. Er leidet große Schmerzen."

„Soll ich zu dir nach Hause kommen?", fragte Jesus.

„Oh nein, mein Herr", rief der Offizier aus. „Ich verdiene es nicht, einen so bedeutenden Mann wie dich in mein Haus zu führen. Du brauchst nur einen Befehl auszusprechen, und ich weiß, dass mein Diener gesund wird. Ich muss Befehlen gehorchen und ich habe

Soldaten unter mir. Wenn ich zu einem sage: ‚Komm!‘, so kommt er, oder zu einem andern: ‚Geh dorthin‘, dann macht er sich auf den Weg. Und ich weiß, genauso brauchst du nur zu befehlen, und mein Diener wird geheilt."

Jesus war verwundert, dass ein römischer Soldat einen so starken Glauben an ihn hatte.

„Kein anderer im ganzen Land hat solch einen Glauben an mich gezeigt wie dieser Mann", sagte Jesus zu den Leuten, die ihm folgten. Dann wandte er sich an den römischen Offizier und sagte: „Geh nur heim! Du wirst deinen Diener geheilt finden, so wie du es geglaubt hast."

Genau in diesem Augenblick fühlte sich der Diener des Offiziers wieder völlig gesund, seine Schmerzen waren weg.

„ÖFFNE DICH!"

Markus 7

Eines Tages brachte eine kleine Gruppe von Menschen ihren Freund, der taub war und nicht richtig sprechen konnte, zu Jesus.

„Kannst du ihn heilen, Meister?", fragten sie.

Jesus führte den Mann behutsam von der aufgeregten Menge weg. Denn er merkte, wie unsicher und schüchtern der Mann vor der Menschenmenge war, die ihn anstarrte.

Als sie allein waren, zeigte ihm Jesus mit Zeichen alles, was er vorhatte. So konnte der Taube verstehen, was geschah, obwohl er nicht hörte, was Jesus sagte.

Als Erstes legte Jesus seine Finger leicht in die Ohren des Mannes, um ihm anzudeuten, dass er seine Taubheit heilen würde. Als Nächstes befeuchtete er seine Finger und berührte die Zunge des Mannes. Auf diese Weise wollte Jesus ihm deutlich machen, dass er auch einen Sprachfehler heilen konnte. Danach blickte Jesus zum Himmel, wie beim Gebet, sodass der Mann erkannte, dass Jesus ihn durch Gottes Macht heilen wollte.

Dann sprach Jesus ein einziges Wort: „Effata!"

In der Sprache, die Jesus und seine Jünger sprachen, das ist Aramäisch, heißt das: „Öffne dich!"

Sogleich öffneten sich seine Ohren, und er konnte hören. Wie ungewohnt waren diese Geräusche für ihn. Die Zunge löste sich, er konnte klar und deutlich sprechen. Nun endlich konnten die anderen verstehen, was er sagte. Da gab es viel zu erzählen nach all den Jahren der Stille.

Als die Menschen in der Menge ihn hörten, waren sie erstaunt. „Ist Jesus nicht wunderbar?", sagten sie zueinander. „Er kann sogar Taube zum Hören und Stumme zum Sprechen bringen!"

Geschichten über die Nächstenliebe

DER GUTE FREUND

Lukas 10

Ein Schriftgelehrter stellte Jesus eine schwierige Frage, um ihn hereinzulegen: „Meister, was muss ich tun, um das ewige Leben zu gewinnen?"

„Du kennst doch die Schriften", antwortete Jesus. „Was sagen sie darüber?"

„Sie sagen: Du sollst den Herrn, deinen Gott, lieben mit ganzem Herzen und ganzer Seele, mit all deiner Kraft. Und du sollst auch deinen Nächsten lieben wie dich selbst", antwortete er bereitwillig.

„Das ist richtig", stimmte Jesus zu. „Handle danach und du wirst das Leben gewinnen."

Aber der Gesetzeslehrer war noch nicht zufrieden. Er versuchte es noch einmal: „In welcher Weise kann man von mir erwarten, andere zu lieben? Wie soll ich das verstehen? Und woher weiß ich, wer mein Nächster ist?"

„Eines Tages", begann Jesus zu erzählen, „machte sich ein Mann auf den steilen und gefährlichen Weg von Jerusalem nach Jericho. Plötzlich wurde er von Räubern überfallen, die sich hinter den Felsblöcken versteckt hatten. Sie rissen seine Kleider und sein Geld an sich und machten sich davon, ihn selbst ließen sie halb nackt und dem Tode nahe am Straßenrand liegen. Nach einer Weile kam ein Priester des Weges, der gerade seinen Dienst im Tempel in Jerusalem beendet hatte. Als er den blutbefleckten Körper sah, machte er einen großen Bogen und ging schnell weiter. Kurz darauf näherte sich ein Levit. Auch er kam vom Tempeldienst. Er ging hin, um sich das Opfer genauer anzusehen. Nur zu gut erkannte er, was passiert war. Aber vielleicht waren die Räuber noch hinter den Felsen und machten sich gerade bereit, ihn zu überfallen? Eilig rannte er davon.

Schließlich kam ein Mann aus Samaria vorbei. Obwohl noch kein Jude freundlich zu ihm gewesen war, war er voller Mitleid mit dem unglücklichen Mann. Er ging zu ihm, reinigte seine Wunden mit Wein, salbte ihn mit heilendem Öl und verband ihn. Vorsichtig hob er ihn auf seinen Esel und führte ihn ins nächstgelegene Gasthaus. Dem Gastwirt gab er zwei Silbermünzen und bat ihn: ‚Pflege ihn wieder gesund. Wenn du mehr Geld ausgeben musst, werde ich es dir bei meinem nächsten Besuch erstatten.'"

Jesus wandte sich an den Fragesteller: „Wer von den drei Vorbeigekommenen war ein Nächster für den Verwundeten?"

„Vermutlich der, der sich seiner erbarmt hat", antwortete der Gesetzeslehrer.

„Dann geh und handle genauso", sagte Jesus zu ihm.

Jesus sagt ...

„ICH BIN DER GUTE HIRTE"

Johannes 10

In dem Land, in dem Jesus lebte, hatten Hirten ein hartes Leben. Jeden Tag mussten sie weit herumwandern, um für ihre Schafe Gras zu finden. Sie mussten fließendes Wasser suchen, um die Schafe zu tränken, auch wenn die heiße Sonne die Flüsse vertrocknen ließ. Manchmal setzten sie ihr Leben aufs Spiel, wenn sie ein Schaf retten mussten, das in eine Felsspalte oder in eine Schlucht gestürzt war. Oder auch, wenn sie wilde Tiere vertrieben, die die Herde angriffen.

König David war auch einmal Hirte gewesen. Die Art, wie Gott sich um ihn kümmerte, erinnerte ihn daran, wie er selbst immer für seine Schafe gesorgt hatte.

„Gott ist mein Hirte", sang David deshalb. „Ich habe alles, was ich brauche."

Jeremia und Ezechiel verglichen die Führer des Volkes mit Hirten. Aber oft hatten diese Anführer die ihnen anvertrauten Menschen schlecht behandelt und vernachlässigt und waren so genau das Gegenteil von guten Hirten.

„Ich bin der gute Hirte", sagte Jesus eines Tages zu seinen Zuhörern. „Ich bin bereit, mein Leben für die Schafe zu geben. Ein wahrer Hirte sorgt sich um seine Schafe. Ein schlechter Hirte lässt die Schafe im Stich, sobald er einen Wolf kommen sieht, und läuft davon.

Aber der Hirte, der seine Schafe liebt, wird sein Leben für sie einsetzen. Ich werde mein Leben für meine Schafe hingeben. Meine Schafe, das sind die Menschen, die mich kennen und auf meine Stimme hören. Ich kenne jedes einzelne meiner Schafe, und niemand kann sie meinem Schutz entreißen. Meine Schafe kennen meine Stimme und kommen, wenn ich sie rufe."

Doch Jesus war nicht nur als der Hirte Israels gekommen. Er wollte sein Leben für alle Menschen auf der weiten Welt hingeben.

„Ich habe viele andere Schafe", sagte er, „die noch nicht zur Herde Gottes gehören. Auch sie werde ich rufen."

„ICH BIN DER WAHRE WEINSTOCK"

Johannes 15

Im Alten Testament wird das Volk Israel manchmal mit einem Weinstock verglichen. Der Prophet Jesaja beschrieb, wie Gott anfangs eine kleine Weinpflanze in das Gelobte Land pflanzte und wie später daraus ein großer, starker Weinstock wurde. Aber der Prophet erkannte auch, welche Enttäuschung dieser Weinstock für Gott war. Die Könige und das Volk waren ihre eigenen Wege gegangen, statt Gott zu folgen. Und der Prophet erzählte den Menschen, wie Gott in seinem Volk Früchte in Form von guten Taten suchte, aber nur die wilden, sauren Beeren des Eigenwillens und Ungehorsams fand.

„Ich bin der wahre Weinstock", sagte nun Jesus zu seinen Jüngern. „Alle, die mich lieben und mir vertrauen,

sind wie Rebzweige. Ich bin der Weinstock und ihr seid
die Rebzweige. Wenn an einem Rebzweig Beeren wachsen sollen, muss der Rebzweig mit dem Hauptstamm des
Weinstocks verbunden bleiben. Wenn ihr mich liebt und
euch nach meinen Worten richtet, werdet ihr mit mir
verbunden bleiben. Dann könnt ihr Kraft und Leben
von mir ziehen, wie die Rebzweige den Leben spenden-
den Saft vom Hauptstamm ziehen. Wenn ihr mit mir
verbunden bleibt, wird euer Leben gute Früchte tragen:
Geduld, Güte, Milde, Wahrheit, Bescheidenheit und
Selbstbeherrschung. Ohne mich werdet ihr versagen.
Bleibt mit mir in Verbindung, und mein Leben, meine
Kraft und mein Gutsein wird in euch strömen."
Die Auserwählten Gottes haben als Weinstock vor Gott
immer und immer wieder versagt. Jesus, der wahre
Weinstock, blieb Gott stets treu und gehorsam. Er gibt
allen, die ihm nachfolgen, die Hilfe, die sie brauchen, um
Gott ebenfalls treu und gehorsam zu sein.

„HEUTE WILL ICH BEI DIR ZU GAST SEIN"

Lukas 19

Jesus und seine Jünger waren auf dem Weg nach Jerusalem zum Paschafest. Jesus wusste, dass dies seine letzte Reise sein würde.

Als sie sich der schönen Stadt Jericho näherten, schlossen sich weitere Pilger an. Rings um die Stadt lag unfruchtbare Wüste und das öde Land am Toten Meer, wo nichts Grünes wuchs. Jericho aber war dank seiner Süßwasserquellen grün bepflanzt mit duftenden Balsambäumen und Dattelpalmen.

Die Steuereintreiber hatten ein gutes Leben in dieser Stadt, allen voran Zachäus, ihr Chef. Doch obwohl er reich war, war er nicht glücklich. Jedermann verachtete und beschimpfte ihn. Sie wussten, dass er nicht nur ihr hart verdientes Geld an die verhassten römischen Herrscher weitergab, sondern dass er auch seine eigenen Taschen damit füllte.

Zachäus hatte von Jesus gehört, dem wunderbaren Lehrer, der das Leben der Menschen veränderte. Er wollte ihn so gerne sehen! Aber die Menschenmenge wartete schon dicht gedrängt an den Straßenrändern. Wenn er versuchen würde, sich durchzudrängen, bekäme er nichts als Tritte und Ellenbogenstöße. Wenn er aber im Hintergrund blieb, konnte er nichts sehen, weil er zu klein war.

Zachäus blickte hinauf zu dem Feigenbaum, der am Straßenrand stand, und wusste plötzlich, was zu tun war. Als Jesus einige Minuten später mit seinen Begleitern ankam, überblickte er das Geschehen unter sich von seinem guten Aussichtspunkt im Baum aus.

Jesus und seine Anhänger kamen jetzt an diesem Baum vorbei, und Zachäus hielt den Atem an.

Da blieb Jesus stehen, blickte geradewegs zu seinem Versteck hoch und rief: „Komm herunter, Zachäus! Heute werde ich mit dir zu Mittag essen!"

Zachäus kam viel schneller herunter, als er hinaufgekommen war. Er wischte Blätter und Zweige von seinem Gewand, das ein paar Flecken abbekommen hatte, und ging zögernd voraus. Das unfreundliche Gemurmel der Menge drang an sein Ohr: „Was bringt Jesus dazu, gerade mit ihm zu essen? Jedermann weiß doch, dass er ein Gauner ist!"

Aber Jesus legte seine Hand auf Zachäus' Schulter, und zusammen gingen sie weiter zu dem schönen Haus des Zachäus.

Niemand wusste, was Jesus während des Essens gesagt hatte. Als aber beide wieder nach draußen kamen, konnten die wartenden Menschen sehen, dass Zachäus ein anderer Mensch geworden war.

Mutig trat er vor und sagte: „Herr, ich werde die Hälfte von allem, was ich besitze, hergeben, um den Armen zu helfen. Wenn einer kommt, den ich bestohlen habe, so werde ich ihm viermal so viel zurückzahlen, wie ich ihm genommen habe."

Jesus wandte sich an die erstaunte Menge und sprach: „Um Menschen wie Zachäus zu finden, bin ich gekommen. Ich kam, um nach denen zu suchen, die sich von Gott weg verirrt haben, um sie wieder zu ihm zurückzubringen."

„DEIN GLAUBE HAT DIR GEHOLFEN"

Markus 10

Ein Stück weiter auf der Straße nach Jericho saß noch ein Mann und wartete. Jeden Tag saß er dort und wartete, dass Vorübergehende einige Münzen in seine Bettlerschale warfen. Er hoffte, bei den Pilgern Erfolg zu haben, die heute durch die Stadt kamen. Sie könnten sich einem armen und blinden Bettler gegenüber ruhig großzügig erweisen.

Bartimäus konnte nicht sehen. Aber er hatte ein scharfes Gehör. Er hatte schon öfters von Jesus gehört. Sein Name war in aller Munde. Nichts, was man über Jesus sagte, entging ihm. Und er wusste: Jesus musste in der Menge sein, die da unterwegs war.

Die Pilgergruppe kam näher, aber es wurde nur wenig gesprochen. Alle hörten aufmerksam zu, was Jesus sagte.

Bartimäus war sich sicher, dass Jesus Gottes versprochener Messias, der wahre Erbe des Königs David, war. Und er war fest entschlossen, diese einmalige Gelegenheit zu nutzen und Jesus zu bitten, ihm zu helfen.

Deshalb rief er, so laut er konnte: „Jesus, Sohn Davids! Erbarme dich meiner!"

„Sei still!", schrien die Menschen zurück. „Wir wollen Jesus hören!"

Aber Bartimäus rief noch lauter: „Hab Erbarmen mit mir!"

Da blieb Jesus stehen und sagte: „Ruft ihn her!"

Sie riefen den Blinden und sagten zu ihm: „Hab nur Mut, steh auf, Jesus ruft dich!"

Da warf Bartimäus seinen Mantel weg, sprang auf und lief schnell in Richtung der Stimme Jesu.

„Was soll ich für dich tun?", fragte Jesus.

„Herr, ich möchte sehen können", antwortete Bartimäus.

„Du sollst haben, was du dir wünschst", sprach Jesus. „Weil du mir vertraut hast, habe ich dich geheilt. Dein Glaube hat dir geholfen!"

Bartimäus schaute nur kurz in Jesu Gesicht – und da wusste er, dass er bei Jesus bleiben wollte. Glücklich schloss er sich der drängenden Menschenmenge an.

Palmsonntag

DER GROSSE EINZUG

Markus 11; Johannes 12

Die Stadt Jerusalem quoll über von Menschen. Juden von nah und fern waren zum einwöchigen Paschafest gekommen. Immer neue Gruppen von Pilgern drängten sich in die engen Gassen hinein.

In der Stadt herrschte große Aufregung. Überall erzählte man sich, dass Jesus einen Mann wieder zum Leben erweckt hatte, der vier Tage tot und beerdigt gewesen war. Als bekannt wurde, dass Jesus auf dem Weg in die Stadt war, brach eine aufgeregte Menschenmenge auf, um ihm entgegenzugehen.

Jesus und seine Jünger waren bis Betanien gekommen.

„Geht in das Dorf", wies Jesus zwei seiner Jünger an, „und bringt mir den jungen Esel, den ihr dort neben seiner Mutter angebunden seht. Falls euch jemand fragt, was ihr vorhabt, so sagt ihm, dass der Meister den Esel braucht und ihn bald zurückschicken wird."

Die Jünger taten, was Jesus ihnen aufgetragen hatte. Als der Besitzer hörte, dass es Jesus war, der den Esel haben wollte, gab er ihn voll Freude her. Die Jünger brachten den Esel zu Jesus. Dann legten sie ihre Mäntel über den Rücken des Esels, um einen Sattel zu machen.

Die Pilger, die mit Jesus gereist waren, fingen an zu drängen und stießen Freudenrufe aus, als der steile Aufstieg zur Stadt Jerusalem begann.

Vor langer Zeit hatte der Prophet Sacharja vorhergesagt, dass eines Tages der wahre König kommen würde – nicht auf einem Kriegsross galoppierend, sondern auf einem friedlichen Esel trabend. So zeigte Jesus allen, dass er dieser König war, der die Hauptstadt in Frieden betrat.

Die Menschen von Jerusalem eilten hinunter, um sich den Neuankömmlingen anzuschließen. Und die ganze riesige Prozession bewegte sich mit Hochrufen und Beifall vorwärts. Einige liefen voraus und warfen ihre Mäntel auf die Erde, um den Weg für Jesus königlich zu schmücken. Andere rissen Zweige von den Bäumen und streuten sie auf den Weg. „Hosanna!" riefen sie. „Gesegnet sei, der kommt, im Namen des Herrn, der König Israels!"

Das letzte Abendmahl

DIE VORBEREITUNG DES PASCHAMAHLS

Markus 14

Die Paschafestwoche war fast vorüber. Jetzt war es Zeit, das Paschamahl vorzubereiten.

Vor langer Zeit hatte Gott das Volk Israel vor dem Untergang gerettet und aus Ägypten heraus in sein eigenes Land geführt. Damals hatten die Israeliten das erste Paschafest gefeiert, und Mose hatte genaue Anweisungen gegeben, was sie essen und wie sie es kochen sollten. Das galt nicht nur an diesem ersten Paschafest, sondern auch an allen, die von da an jedes Jahr stattfinden sollten.

Die Familien trafen sich zu diesem Fest und aßen gebratenes Lamm mit bitteren Kräutern und Brot, das ohne Hefe gebacken war. Jeder Teil des Essens hatte eine besondere Bedeutung, und den Kindern der Familie erzählte man dabei, wie Gott in seiner großen Güte sein Volk aus der Sklaverei in Ägypten herausgeführt hatte.

Jesus wollte sein letztes Paschamahl mit seinen engsten Freunden verbringen.

„Geht und bereitet das Paschamahl vor", trug er Petrus und Johannes auf.

„Wo sollen wir das tun?", fragten sie.

Jerusalem war überfüllt, und keiner von ihnen besaß ein eigenes Haus in der Stadt. Aber Jesus hatte viele

Freunde, die ihm von Herzen gern alles zur Verfügung stellten, was sie besaßen – so wie der Mann mit dem Esel es getan hatte. Und mit einem dieser Freunde hatte Jesus bereits eine Vereinbarung getroffen.

„Geht in die Stadt", sagte er zu Petrus und Johannes. „Folgt dort einem Mann, der einen Wasserkrug trägt." Das war für die Jünger ein unverwechselbares Zeichen. Denn damals überließen die Männer das Wasserholen gewöhnlich den Frauen.

„Wenn er in ein Haus geht, folgt ihm", fuhr Jesus fort. „Bittet den Besitzer des Hauses, euch den Raum zu zeigen, den er uns überlassen will. Es wird ein großer Raum im Obergeschoss sein. Dort bereitet unser Mahl vor."

AUF ANDERE ACHTEN

Johannes 13

Der Tag des Abendmahls war gekommen. Jesus betrat mit seinen Jüngern den Raum im Obergeschoss des Hauses in Jerusalem. Jeder von ihnen war staubig nach dem Gang durch die belebten Straßen.

Während die zwölf durcheinanderredeten, murrten und lachten, schaute Jesus sie zärtlich an. Er kannte sie durch und durch, mit all ihren Fehlern, und er hatte sie sehr lieb. Sogar Judas liebte er, obwohl er wusste, dass dieser nach einer Gelegenheit Ausschau hielt, um ihn an seine Feinde zu verraten.

Die Jünger schauten sich besorgt nach einem Diener um, der ihnen die Füße wusch. Aber da war keiner.

Normalerweise hatte der niedrigste Diener in einem Haushalt die Aufgabe, die schmutzigen Füße der Gäste zu waschen, die ja in offenen Sandalen durch die staubigen Straßen gekommen waren. Wasserkrug und Handtuch standen bereit, aber niemand von den Jüngern dachte daran, sich zu dieser verachteten Aufgabe bereit zu erklären.

Da stand Jesus auf, goss Wasser in eine Schüssel und nahm das Handtuch. Er ging von einem zum anderen und wusch den Jüngern der Reihe nach die Füße. Sie schämten sich sehr.

Als Jesus sich wieder hinsetzte, sagte er: „Versteht ihr, was ich euch damit sagen will? Ihr nennt mich euren Herrn und Meister – und ihr habt recht, das bin ich. Aber ich bin bereit, alles für euch zu tun, sogar euch die Füße zu waschen, weil ich euch liebe. Ich möchte, dass ihr meinem Beispiel folgt. Sorgt füreinander und liebt einander, wie ich euch liebe und für euch sorge."

DAS PASCHAMAHL

Johannes 13; Markus 14

Die Jünger hatten voller Freude begonnen, das Paschamahl zu feiern. Jetzt aber wurden sie immer ernster. Sie konnten sehen, dass Jesus traurig war.

„Einer von euch wird mich an meine Feinde verraten", sagte er schließlich zu ihnen.

Die Jünger blickten sich ratlos an, weil sie nicht wussten, wen er meinte.

„Meinst du etwa mich, Herr?", fragten sie ihn der Reihe nach. Jesus sagte: „Einer von euch zwölf, der mit mir aus derselben Schüssel isst!"

Da erkannte Judas Iskariot, dass Jesus über seinen Treuebruch Bescheid wusste. Aber Jesus beschuldigte ihn nicht vor den anderen. Das Gesicht des Judas blieb hart. Er wollte sein Geschäft mit dem Rat nicht mehr rückgängig machen. Außerdem hatte er jetzt die Information, die er brauchte, um Jesus zu verraten.

Jesus blickte ihn voller Trauer an. Dann sagte er: „Was du tun willst, das tu bald."

Die anderen Jünger verstanden nicht, was Jesus meinte. Sie dachten, Jesus habe Judas aufgetragen, den Armen etwas Geld zu geben. Ohne ein Wort verließ Judas den Raum und ging hinaus in die Dunkelheit der Nacht.

Während sie weiter beisammensaßen, tat Jesus etwas Neues und Wunderbares: Er wandelte das alte jüdische Paschamahl in ein Mahl mit neuer Bedeutung, zu dem die Christen sich seit diesem Tag versammeln. Zuerst nahm er das Brot, das auf dem Tisch lag, und verteilte es unter die Jünger. „Esst alle davon", sagte er zu ihnen. „Dies Brot ist mein Leib, der für euch hingegeben wird."

Dann nahm Jesus einen Becher Wein und reichte ihn ihnen. „Trinkt alle davon", sagte er. „Das ist mein Blut, das für viele vergossen wird. Mein Blut wird zum Spiegel von Gottes neuem Bund, den er mit allen Völkern schließen wird."

Die Jünger aßen und tranken, wie Jesus ihnen gesagt hatte. Schon bald sollten sie besser verstehen, was er meinte. Jesus sollte nicht einfach das Opfer eines Mörders werden – umgebracht, weil ein Freund ihn verraten hatte und seine Feinde ihn hassten. Nein, sein Tod war vielmehr ein Zeichen der Liebe Gottes. Jesus war bereit, sein eigenes Leben hinzugeben, damit die Menschen überall Gottes Vergebung erleben und durch den Glauben an ihn neues Leben gewinnen konnten.

DIE VORBEREITUNG
DER JÜNGER

Markus 14; Johannes 13–14; 16

Als das Abendmahl vorüber war, sprach Jesus lange mit seinen Jüngern. Er wolle sie vorbereiten auf das, was genau in dieser Nacht geschah. Aber sie begriffen nur sehr langsam, was er sagte.

„Ihr alle werdet weglaufen und mich allein lassen", sagte er.

„Niemals!", rief Petrus aus. „Ich kann nicht für die anderen sprechen. Aber was mich betrifft, ich werde niemals so etwas tun. Ich bin bereit, mit dir zu sterben, wenn es sein muss."

„Wir auch", beteuerten die anderen Jünger.

Jesus schüttelte den Kopf. „Petrus", sagte er, „bevor der Hahn in der Morgendämmerung kräht, wirst du dreimal behaupten, du würdest mich überhaupt nicht kennen."

„Nie würde ich so etwas tun!", beharrte Petrus.

Jesus erwiderte: „Euer Herz soll sich nicht verwirren lassen. Glaubt an Gott und glaubt an mich!

Ich werde euch wirklich verlassen, aber wenn ich vom Tode auferstanden bin, werden wir uns in Galiläa wiedertreffen. Ich werde dort sein und auf euch warten. Und wenn ich dann schließlich zu meinem Vater zurückkehre, werde ich euch dennoch nicht allein lassen, das verspreche ich euch. Ich werde meinen Vater bitten, euch einen anderen Beistand zu geben, der für immer bei euch bleiben soll. Es ist der Heilige Geist, den der Vater in meinem Namen senden wird. Ihr werdet ihn nicht sehen, aber er wird bei euch sein und euch Kraft und Mut geben. Mit seiner Hilfe werdet ihr euch an alles erinnern, was ich euch gelehrt habe, und er wird euch darin bestärken, mir treu zu bleiben. Ich werde zu meinem Vater gehen und auch für euch dort einen Platz bereithalten. Eines Tages hole ich euch dann zu mir. Ihr wisst, wo dieser Ort ist, und kennt den Weg."

„Herr, wir haben keine Ahnung, wohin du gehst. Wie sollen wir dann den Weg dahin kennen?", rief Thomas.

„Ich bin der Weg zu Gott", antwortete Jesus. „Niemand kann zu Gott kommen außer durch mich. Bevor ich euch verlasse, möchte ich euch ein Abschiedsgeschenk machen. Es ist das Geschenk meines Friedens. Es ist aber kein Frieden, wie ihr ihn in der Welt finden könnt. Mein Frieden lässt euch stark und froh sein, wie hart das Leben auch werden mag."

Jesu Gefangennahme und Verhör

DIE GEFANGENNAHME IM GARTEN

Matthäus 26; Johannes 18

Judas wusste, wohin Jesus und die anderen Jünger nach dem Abendmahl gingen.

In der Nähe der Stadt, an den Hängen des Ölbergs, lag ein ruhiger Garten voll silbergrauer Olivenbäume, den man Getsemani nannte. Jesus zog sich oft aus den geschäftigen Straßen hierher zurück, um nachzudenken und zu beten.

Auch in dieser Nacht überquerten sie zuerst den Bach Kidron und kamen dann in den Garten. Petrus, Jakobus und Johannes waren in Jesu Nähe. Jesus war ängstlich und traurig.

Er sagte zu ihnen: „Meine Seele ist zu Tode betrübt. Bleibt hier und wacht mit mir!"

Und er ging ein Stück weiter, warf sich zu Boden und betete: „Mein Vater, wenn es möglich ist, lasse diese Leiden an mir vorübergehen. Aber nicht, wie ich will, sondern wie du willst."

Dann ging er zu den Jüngern zurück und fand sie schlafend. Da sagte er zu Petrus: „Konntet ihr nicht einmal eine Stunde mit mir wachen? Wacht und betet!"

Dann ging er zum zweiten Mal weg und betete.

Als er zurückkam, fand er sie wieder schlafend, denn die Augen waren ihnen zugefallen. Er ging wieder von ihnen weg und betete: „Vater, dein Wille geschehe."

Dann kehrte er zu den Jüngern zurück und
sagte zu ihnen: „Die Stunde ist gekommen.
Jetzt werde ich gefangen genommen. Seht, der
Verräter, der mich ausliefert, ist da."
Die überraschten Jünger rieben sich die müden Augen.
Jetzt konnten sie die tanzenden Lichter von Laternen er-
kennen, die zwischen den Olivenbäumen näher kamen.
Der matte Glanz von Metall verriet ihnen, dass eine
Schar von Bewaffneten unterwegs war. Als die Soldaten
mit festen Schritten auf sie zukamen, erkannten sie mit
ungläubigem Entsetzen die vertraute Gestalt des Judas
Iskariot an der Spitze.

„ICH KENNE
DIESEN MENSCHEN NICHT!"

Lukas 22; Johannes 18

Jesus wurde von den Wachen zum Haus des Hohen
Priesters Kajaphas geführt. Obgleich es Nacht war,
hatte der Rat beschlossen, sogleich zusammenzukom-
men und Jesus zu verhören. Sie wollten verhindern, dass
die gereizte Menschenmenge, die zum Paschafest zusam-
mengeströmt war, wegen Jesus Unruhe stiftete.
Inzwischen hatten Petrus und Johannes sich wieder ge-
fasst. Sie folgten den Wachen und beobachteten, wohin
man Jesus brachte. Dabei hielten sie einen Sicherheits-
abstand. Doch als sie zum Haus des Kajaphas kamen,
ging Johannes geradewegs in den Hof hinein, da er einige Leute aus dem Haus kannte. Petrus wartete draußen.

„Darf mein Freund auch mit hinein?", fragte Johannes die Dienerin am Tor.

„Ja", antwortete sie, aber sie blickte Petrus genau an, als er hereinkam. „Bist du nicht ein Jünger dieses Menschen?", fragte sie und deutete in Richtung des Raumes, in dem Jesus gerade vor seinen Anklägern stand.

„Nein, das bin ich nicht!", antwortete Petrus. Ihm wurde plötzlich kalt, und so ging er zur Kohlenpfanne mit glühender Holzkohle, die in der Hofmitte stand. Dort wollte er seine Hände wärmen.

Ein Mann in der Nähe starrte ihn an: „Auch du gehörst zu Jesus", sagte er.

„Nein, ich kenne diesen Menschen nicht!", leugnete Petrus.

In der Ecke des Hofes flüsterte eine Gruppe von Dienern miteinander. Alle schauten auf Petrus. Einer von ihnen sagte laut: „Was immer er auch behaupten mag, er ist auch ein Anhänger des Gefangenen. Jeder weiß, dass er aus Galiläa stammt – hört doch hin, sein Dialekt verrät ihn!"

Da fing Petrus zu fluchen an und schwor: „Ich weiß gar nicht, wovon ihr redet. Ich sage euch, ich kenne ihn nicht!"

Als er das sagte, krähte ein Hahn, der die ersten Sonnenstrahlen begrüßte.

Da erinnerte sich Petrus mit erschreckender Klarheit an die Worte Jesu: „Bevor der Hahn kräht, wirst du dreimal behaupten, dass du mich nicht kennst."

Petrus schaute hinüber zu der ruhigen Gestalt Jesu, die beim Verhör allein den Männern des Rates gegenüberstand. Jesus blickte voller Liebe zu ihm zurück.

Das war mehr, als Petrus ertragen konnte. Er war dem Menschen untreu geworden, den er über alles liebte und dem er all sein Vertrauen geschenkt hatte. Er eilte aus dem Hof und weinte bitterlich.

JESUS WIRD VERHÖRT

Markus 15; Lukas 23

Die ganze Nacht lang stand Jesus vor dem Hohen Rat und musste sich die falschen Anklagen anhören. Jeder der aufgerufenen Zeugen erzählte etwas anderes. Nicht in einem einzigen Punkt konnten sie Jesus überführen. In dieser verzweifelten Lage stellte schließlich der Hohe Priester selbst Jesus zur Rede: „Sag mir die Wahrheit", forderte er ihn auf. „Bist du der Messias, der Sohn Gottes?"

„Ich bin es!", antwortete Jesus.

„Das reicht aus!", erklärte der Hohe Priester. „Dieser Gefangene hat behauptet, Gott zu sein. Nach unserem Gesetz verdient er dafür den Tod."

Aber nur Pilatus, der römische Statthalter, konnte ein Todesurteil aussprechen. Sie mussten ihn also überzeugen, dass Jesus auch nach römischem Gesetz ein Verbrechen begangen hatte, das mit dem Tode bestraft werden muss.

Sie übergaben Jesus den Wachen, die ihn quälten und misshandelten, während sie ihren Plan ausheckten.

Am frühen Morgen führten sie Jesus in Ketten zum Palast des Pilatus.

„Dieser Mann hat Unruhe gestiftet", sagten sie zu Pilatus. „Er fordert die Leute auf, keine Steuern mehr zu zahlen, und behauptet, er sei ein König."

Aber Pilatus war überzeugt, dass die jüdischen Führer diese Anklagen frei erfunden hatten, da sie eifersüchtig auf ihn waren. Daher verhörte er Jesus selbst, und in der Tat konnte er kein Unrecht an ihm finden.

Die ganze Zeit über stand eine Menschenmenge unten vor dem Palast des Pilatus, aufgehetzt und angeführt von den Priestern und Führern. Sie schrie immer wieder: „Ans Kreuz mit ihm! Ans Kreuz mit ihm! Ans Kreuz mit ihm!"

Pilatus kam heraus und sagte zu ihnen: „Dieser Mann ist vollkommen unschuldig. Er verdient den Tod nicht."

Das Geschrei wuchs an zu betäubendem Lärm: „Ans Kreuz mit ihm! Ans Kreuz mit ihm!"

Da versuchte Pilatus es auf andere Weise. „Es ist die Zeit des Paschafestes", sagte er. „Aus diesem Anlass schenke ich einem Gefangenen die Freiheit. Wollt ihr, dass ich Jesus freilasse?"

Aber die Führer waren auf diese Worte schon vorbereitet. „Wir wollen Barabbas! Wir wollen Barabbas!", schrien sie, und die Menschenmenge machte es ihnen nach. Barabbas saß wegen Mordes im Gefängnis.

Pilatus sah nun keinen Ausweg mehr. Wenn die Menschenmassen einen Aufruhr machten, würde er seinen Posten verlieren. So wagte er es nicht, Jesus freizulassen, obwohl er nach römischem Recht unschuldig war. Pilatus beschloss also, seine Hände in Unschuld zu waschen. Und er lieferte Jesus aus, damit er am Kreuz sterben sollte, so wie die Menschenmassen es forderten.

Die Kreuzigung Jesu

DER WEG NACH GOLGOTA

Markus 15

Pilatus beugte sich den Wünschen des verführten Volkes. Er ließ Barabbas frei und befahl den Söldnern, Jesus vor der Kreuzigung erst noch auszupeitschen. Die römischen Peitschen bestanden aus Lederriemen, in die Metallstücke eingearbeitet waren. Oft starben die Gefangenen schon an den Verletzungen durch diese Peitschen.

Nachdem sie Jesus ausgepeitscht hatten, quälten die römischen Soldaten ihn grausam. Sagte man nicht von ihm, er sei ein König? Also warfen sie ihm ein Gewand über, das purpurrot gefärbt war wie die Gewänder der Könige. Einer von ihnen flocht schnell eine Art Krone aus Ruten mit scharfen Dornen. Diese drückten sie ihm auf den Kopf. Dann knieten sie höhnisch vor ihm nieder und riefen: „Lang lebe der König!" Und sie spuckten ihm ins Gesicht.

Dann wurde es Zeit, den Gefangenen zur Hinrichtungsstätte zu führen. Nach jüdischem Gesetz war diese vor den Toren der Stadt. So zog ein kleiner Zug in Richtung Golgota, was übersetzt „Schädelhöhe" heißt. Eine schreiende, spottende Menschenmenge folgte.

Von den Gefangenen erwartete man, dass sie das rohe Holzkreuz trugen, an dem sie aufgehängt werden sollten. Daher hatten die Soldaten auch Jesus den schweren Balken auf die Schulter gelegt. Aber Jesus war durch die langen Verhöre und das Auspeitschen geschwächt. Er konnte sich unter dem Gewicht kaum aufrecht halten. Ein Mann namens Simon, der gerade vom Feld gekommen war, kam ihnen entgegen.

„He, du da!", rief der Hauptmann und hielt ihn am Arm fest. „Trage das Kreuz für den Gefangenen, sonst kommen wir nie an unser Ziel."

Simon war stark und breitschultrig. Vorsichtig hob er das Kreuz von Jesu wunden Schultern und lud es sich selbst auf. Gemeinsam schritten sie den Rest des steinigen Weges nach Golgota.

JESUS AM KREUZ

Markus 15; Lukas 23; Johannes 19

Die Römer kreuzigten schlimme Verbrecher. Lange Nägel wurden durch Hände und Füße des Opfers geschlagen, damit es fest an den Holzbalken hing. Dann wurde das Kreuz in ein Erdloch gesteckt und aufgerichtet. Der Verbrecher hing dort, bis er vor Hitze und Durst starb.

An diesem Tag sollten drei Gefangene gekreuzigt werden, und der Hinrichtungstrupp machte sich früh an die Arbeit. Gegen neun Uhr wurden die drei Kreuze aufgerichtet. Jesus hing in der Mitte.

Dann setzten sich die Soldaten hin, um zu warten. Sie vertrieben sich die Zeit mit Würfelspiel.

Jesus schaute auf sie herab und hatte Mitleid mit ihnen. „Vergib ihnen, Vater", betete er. „Sie wissen nicht, was sie tun."

Auch Anführer des Volkes waren gekommen, um Jesus zu verspotten: „Anderen hast du geholfen", sagten sie höhnisch. „Dir selbst kannst du nicht helfen!"

Einer der Verbrecher, die neben ihm hingen, murmelte heiser: „Bist du nicht angeblich der Messias? Warum rettest du uns nicht alle?"

Aber der andere Verbrecher wies ihn zurecht: „Sei still! Wir haben den Tod verdient, aber dieser Mann ist unschuldig." Dann bat er Jesus: „Denk an mich, wenn du in dein Reich kommst!"

„Du musst nicht lange darauf warten", antwortete Jesus. „Heute noch wirst du mit mir im Paradies sein."

Es waren auch einige der Anhänger Jesu da, vor allem Frauen. „Kümmere dich um meine Mutter", flüsterte Jesus seinem engen Freund Johannes zu. Dieser nickte. „Er ist jetzt dein Sohn", sagte Jesus zu seiner Mutter.

Um Mittag wurde es plötzlich finster.

Um drei Uhr nachmittags rief Jesus mit klarer Stimme: „Es ist vollbracht!" Dann starb er.

Josef von Arimathäa, ein wohlhabender Bürger, bat Pilatus um die Erlaubnis, Jesus ordentlich zu begraben. Nikodemus, ein Mann, der Jesus oft zugehört hatte, half mit. Die beiden Männer wuschen den Leichnam behutsam, wickelten ihn in saubere Grabtücher und legten ihn auf eine Steinbank in einem Felsengrab, das in Josefs Garten lag.

Einige der Frauen, die bei der Kreuzigung dabei gewesen waren, gingen mit, um zu sehen, wo Jesus beerdigt wurde. Dann machten sie sich traurig auf den Weg nach Hause.

Jesu Auferstehung

ER LEBT!

Johannes 20

Am Freitagabend hatte man Jesu Leichnam in das Felsengrab gelegt. Der nächste Tag war Sabbat, jener Tag, an dem kein Jude arbeitete. Nur langsam vergingen die Stunden für die Freunde Jesu in ihrem Schmerz. Sie konnten es nicht fassen, dass ihr Meister, den sie so sehr geliebt hatten, jetzt tot im Grab lag.

„Sobald der Sabbat vorüber ist, werden wir seinen Leib mit wohlriechenden Salben einreiben", beschlossen die Frauen.

In dieser Nacht konnte Maria Magdalena nicht schlafen. Noch vor Tagesanbruch machte sie sich in der Dunkelheit zusammen mit den anderen Frauen auf den Weg zum Garten. Als sie sich dem Grab näherten, sahen sie mit Schrecken, dass der große runde Stein, der das Grab verschloss, weggerollt war. Irgendjemand hatte sich scheinbar am Grab zu schaffen gemacht und Jesu Leichnam gestohlen.

Schnell liefen die Frauen zurück zu Petrus und Johannes und überbrachten ihnen die Nachricht.

Sofort brachen beide Männer auf, um nachzusehen. Johannes war jünger und lief schneller, daher kam er als Erster an. Inzwischen war es hell genug geworden, um in das Innere der Höhle zu blicken.

Die Grabtücher lagen ordentlich auf der Steinbank, aber der Leichnam war nicht da.

Dann kam auch Petrus, der nicht so schnell gelaufen war. Er ging als Erster in die Grabkammer hinein. Auch er sah die zusammengelegten Tücher. Als auch Johannes das Grab betrat, verstand er plötzlich, was Jesus ihnen gesagt hatte: Jesus lebt!

Petrus und Johannes kehrten in die Stadt zurück. Maria Magdalena stand noch vor dem Grab und weinte. Als sie sich vorbeugte, sah sie plötzlich zwei Engel an der Stelle sitzen, wo Jesu Leichnam gelegen hatte.

„Warum weinst du?", fragten die Engel.

Sie antwortete ihnen: „Man hat meinen Herrn weggenommen, und ich weiß nicht, wohin man ihn gelegt hat."

Plötzlich fühlte Maria Magdalena, dass jemand hinter ihr stand. Als sie sich umblickte, nahm sie einen Mann wahr und dachte, es sei der Gärtner. Vielleicht konnte er ihr helfen.

„Warum weinst du?", fragte der Fremde.

Sie antwortete: „Herr, wenn du ihn weggebracht hast, sag mir, wohin du ihn gelegt hast. Dann will ich ihn holen."

„Maria!", sagte da der Fremde.

Maria Magdalena wandte sich zu ihm, um das Gesicht des Mannes zu sehen, dessen Stimme sie kannte und den sie so sehr liebte.

Es war Jesus!

„Sag meinen Jüngern, dass ich auferstanden bin und zu meinem und zu eurem Vater gehe."

Maria Magdalena lief zurück in der Morgensonne. Alle Furcht, alle Trauer war verflogen. Sie platzte in die Gruppe der versammelten Jünger hinein und rief voll Freude: „Er lebt! Wahrhaftig, er lebt!"

AUF DEM WEG NACH EMMAUS

Lukas 24

Am selben Sonntag verließen zwei Jünger Jesu Jerusalem, um nach Emmaus zu wandern. Unterwegs unterhielten sie sich über die traurigen Ereignisse der letzten Tage. Sie merkten kaum, dass ein Fremder neben ihnen herging. Anstatt sie zu überholen, hielt er mit ihnen Schritt und sprach sie an: „Ihr seht so niedergeschlagen aus. Was hat sich ereignet?"

„Hast du es etwa noch nicht gehört?", antwortete Kleopas. „Du bist wohl der einzige Mensch weit und breit, der nicht weiß, was geschehen ist. Jesus, unser Meister, ist getötet worden. Wir glaubten fest, dass er Gottes Messias ist, und jetzt sind alle unsere Hoffnungen dahin."

Der Fremde antwortete: „Begreift ihr denn nicht? Denkt daran, was die Propheten über den Messias gesagt haben. Jesaja verglich ihn mit einem unschuldigen Lamm, das zum Schlachten geführt wird. Der Messias musste sterben – nicht, weil er ein Verbrechen begangen hätte, sondern für die Sünden anderer Menschen, um ihnen Gottes Frieden und Vergebung zu bringen."

Die Zeit verging wie im Flug, während der Fremde ihnen anhand verschiedener Schriften des Alten Testaments erklärte, dass es Gottes Plan war, dass der Messias erst sterben und dann als Sieger über das Böse vom Tode auferstehen sollte.

Schon waren sie in Emmaus, einem kleinen Dorf, angekommen. Der Fremde tat, als wolle er weitergehen, aber sie drängten ihn und sagten: „Bleib doch bei uns, denn es wird bald Abend. Die Sonne geht schon unter."

Der Fremde nahm die Einladung an. Als er mit ihnen aß, brach er das Brot, dankte Gott dafür und teilte es an sie aus. Die Art, wie er das tat, war ihnen vertraut, und sie erkannten plötzlich: Der Fremde war Jesus – und er lebte!

Sie drehten sich zu ihm, aber er war nicht mehr zu sehen.

„Kein Wunder, dass uns so warm ums Herz wurde, während er mit uns sprach!", sagten sie zueinander. „Wir müssen sofort nach Jerusalem zurück und es den anderen erzählen."

Aber als sie dort ankamen, begrüßten die Jünger sie schon mit der Neuigkeit: „Jesus ist auferstanden!"

Während sie alle aufgeregt miteinander sprachen, gesellte sich Jesus zu ihnen und begrüßte sie: „Friede sei mit euch!" Er nahm an ihrem Mahl teil und erzählte auch ihnen all die wunderbaren Dinge, die er den beiden auf dem Weg nach Emmaus erzählt hatte.

Das Kommen des Heiligen Geistes

GOTTES GEIST KOMMT

Apostelgeschichte 1; 2

Nachdem Jesus auferstanden war, erschien er seinen Freunden mehr als einen Monat lang bei verschiedenen Gelegenheiten. Er versprach, ihnen seinen Heiligen Geist zu schicken, der immer bei ihnen bleiben werde. Dann kehrte Jesus heim zu seinem Vater im Himmel.

Die Jünger trafen sich, um miteinander zu reden und zu beten. Sie wussten, dass Jesus ihnen nicht mehr erscheinen würde. Sie warteten auf den Heiligen Geist und darauf, dass Jesus auf neue Weise ganz nah bei ihnen sein würde.

Sieben Wochen nach dem Paschafest feiern die Juden Schawuot, das Pfingstfest. Es ist ein Erntedankfest für das erste reife Getreide. Und so war Jerusalem daher schon bald wieder überfüllt von Pilgern, die von überallher zu den fröhlichen Feiern eintrafen.

Am Sonntagmorgen hatten sich die Jünger versammelt, als etwas Erstaunliches geschah: Da kam plötzlich vom Himmel ein Brausen, wie wenn ein heftiger Sturm aufkommt, und erfüllte das ganze Haus, in dem sie waren. Dann ließen sich für einen Augenblick kleine Flammenzungen auf jeder Person im Saal nieder. Aber alles, was sie hörten und sahen, war nichts im Vergleich zu dem, was sie innerlich fühlten. Was Jesus immer an Kraft und Leben verströmt hatte, erfüllte sie jetzt wieder. Da wussten sie, dass sein versprochener Heiliger Geist gekommen war, um für immer in ihnen zu leben, ganz nah und lebendig. Sie jubelten vor Freude und stimmten Danklieder und Lobgebete an.

Inzwischen hatte sich eine große Menschenmenge vor dem Haus versammelt. Sie hatten gesehen und gehört, dass sich etwas Erstaunliches ereignet hatte. Die Leute waren neugierig.

Als dann die Jünger aus dem Haus heraus auf die Straße kamen, waren die Menschen noch mehr verblüfft. Denn jedermann, egal aus welchem Land er auch kam, verstand klar und deutlich, was die Jünger sagten – in seiner Sprache. Sie lobten Gott und dankten ihm für sein wundervolles Geschenk.

„Was ist nur mit ihnen geschehen?", fragten die Leute einander.

Einige der Umstehenden waren nicht besonders beeindruckt und meinten: „Die haben zu viel süßen Wein getrunken!" Da fing Petrus an, alles zu erklären.

Viele Menschen fanden an diesem Tag zum Glauben an Jesus. Und die Apostel tauften sie, wie Jesus es ihnen aufgetragen hatte. Von da an trafen sie sich regelmäßig, aßen zusammen, beteten und lernten von den Aposteln, was es bedeutet, Jesus zu folgen.